선생님도
선생님이에요?

선생님도
선생님이에요?

DATE DUE		

사서교사
정원진

나 스스로를 온전히 받아들이려
고군분투했던 나날들의 기록

개정판을 내며

비교과, 비담임 사서교사

혹시 '사서교사'에 대해 들어본 적 있으신가요? '사서'는 익숙한데 '사서교사'는 낯선 분들이 대부분일 것입니다. 그래서일까요. 책의 제목처럼 '선생님도 선생님이에요?'라고 저에게 묻는 이들이 참 많았습니다. 질문을 받으면 저의 존재에 대해 구구절절 변명하듯 설명하곤 했는데, 그 일은 이따금 성가시고 비참하게 느껴질 때가 있었어요.

어쩌면 '흔하고 뻔한 교단 일기 아니야?'라고 생각할 수도 있겠습니다. 그럼 비교과, 비담임 교사인 중학교 사서교사가 들려주는 이야기, 생각 많고 여린 탓에 잔상처가 많은 스물여섯 살 남자의 이야기는 어떤가요. 변두리로 취급되어 소외 받는 것 같을 때, 남들의 무관심에 익숙해져야 한다는 걸 느낄 때, 방황 속에서 벗어나려 애를 써도 끝내 실패하고 마는 스스로의 모습이 싫어질 때가 한 번쯤 있지 않았나요. 여전히 미성숙하기에 결국 아파하고 마는 '어른이 되고 싶은 어른의 이야기'는 어쩌면 우리 모두의 이야기와 닮아있을지도 모르겠습니다.

『선생님도 선생님이에요?』는 2022년 2월에 독립출판물로 한 차례 세상에 나온 적이 있습니다. 4년 전 겨울, 사서교사로 첫 발령을 받고 아프게, 또 덤덤히 써 내려갔던 이야기가 올해 여름, 새로운 옷을 입고 여러분께 닿았습니다. 멈춘 줄로만 알았던 제 이야기가 다시 시작될 수 있도록 먼저 손 내밀어주신 김보경 대표님과 제가 휘청일 때마다 곁에서 늘 저를 바로 잡아주셨던 어머니께 진심으로 감사의 인사를 올립니다.

                                            2025년 7월, 정원진 드림

목차

비교과, 비담임 사서교사 … 6
작가의 편지 … 10

제1부 자료상태 : 분실

813.6 김56 … 15
그렇다고 전화를 먼저 걸 자신은 없다 … 19
꺼멓게 탄 고기 한 점 … 26
선생님도 선생님이에요? … 28
그렇게 할 게 많아요? … 34
맛도리 소설의 세계 … 40
학교도서관의 기상천외한 질문들 … 43
초임교사의 짝사랑 … 48
도태되는 중입니다 … 50
열심히 쓸고 닦고 치워도 … 53
'귀하의 성과급 등급은 [B]등급입니다.' … 56
구역질 나는 아이스 초콜릿 라떼 … 62
노을을 보낼 준비 … 66
어린 왕자 … 68
나는 아무것도 아니었나 봐 … 71
인복 … 76
금상 필체 … 80
슬퍼서 운 적은 많다만 … 89
낭떠러지 … 94
어린 날의 나에게 … 101

제2부 자료상태 : 대출 가능

서가 한가운데를 바라보며	105
그러니까 내 꿈은,	108
가문의 영광	114
필히, 오롯이, 후회 없이	122
생채기 치료 일지	127
아침햇살	135
뷰 맛집	141
엄마의 날씨	145
클래식 치즈케이크 3호	146
소란스러운 도서관	156
희귀종, 레어템, 천연기념물	159
커피가 식어도 좋으니	164
4월 23일 토요일 오후	167
도서관 서가	169
플레이리스트	176
들쑥날쑥 구불구불 괄호 모양 책들의 진실	183
체인지 풋 콤비네이션 스핀	187
착각	193
인터뷰	195
내가 사랑한 순간들	201
'무슨'보다 '어떤'	205
10월의 초록 나무	210
네 시 삼십 분	215

추천의 말

218

작가의 편지

　나의 아픔을 굳이 나열하고 치부를 드러내는 일이란 창피하고 불필요한 것이라 생각했다. 미처 아물지 않은 흉터를 습관처럼 감추고서 사람들 앞에서는 아무렇지 않은 척 웃어 보였다. 깜깜한 밤이 되어서야 옷을 벗고 아려오는 살갗을 이불 위에 부볐다. 미성숙했던 어제를 회상하고 또 여전히 미성숙한 오늘을 살아가면서 언제쯤이면 내게 닥쳐오는 모든 일들을 척척 해결해 내는 의젓한 어른이 될 수 있을지 자문해 보는 날이 잦았다.

　임용고시에 합격하고 선생님이 되면 다 괜찮아질 줄 알았지만 비교과, 비담임 교사인 사서교사는 모호한 존재 가치와 편견 어린 시선, 인정받지 못하는 분위기를 감당해 내야 했다. 나의 꿈을 뒤로 하고 어렵게 선택한 길의 모퉁이에서 쓰레기 더미 속에 숨어버리고 싶을 때가 많았다. 기어코 사랑받으려 애를 쓰고 끝내 거절당하고 홀로 비참해하기를 반복했다. 눈물과 한숨이 섞인 후회가 밀려올 때면 이불을 머리끝까지 뒤집어쓰고 저 밑으로 가라앉는 수밖에 없었다. 그러다 날이 밝아오면 대학을 이제 막 졸업한 스물여섯 살은 정신 차릴 새도 없이 중학교 교사로 변신하여 새벽 출근을 준비해야 했다. 이런 내가 용기를 낼 수 있었던 건 아이들 덕분이었다. 아무것도 모른 채로 따스한 진심을 내 손에 소복소복 쌓아주던 아이들이 나를 더 성장시키고 더 단단하게 만들었다. 그렇게 글을 쓰기 시작했다. 지난날의 아픔을 꺼내어 매만져보곤 했던 보랏빛 밤, 미성숙과 방황의 연장선에서 스스로를 혐오하곤 했던 시린 새벽녘, 그럼에도 사랑과 위로의 과정 속에서 나 자신을 기꺼이 안아주려 부단히 노력했던 물결치는 노을빛 시간을 지나 나는 대체 누구인지, 이제 뭘 어떻게 해야 하는지 치열하게 고민하고 홀로 불안해했던 나날들을 여기에 고스란히 담았다.

문득 당신의 아픔은 무엇일지 궁금해진다. 부디 책장을 넘기는 오늘이 당신 스스로를 온전히 돌보고 받아들일 수 있는 하루가 되기를 간절히 소망한다.

* 이 글은 2022년에 출간된
『선생님도 선생님이에요?』의 서문입니다.

제1부

자료상태 : 분실

813.6 김56

정이 너무 많아서 문제였다. 나를 스쳐 간 모든 것들에 정을 주곤 했다. 사람들은 말할 것도 없고, 학창 시절 열심히 필기한 흔적이 남아 있는 교과서는 물론 누군가의 마음이 빼곡히 적혀 있는 너덜너덜한 포스트잇 하나도 절대 버리지 못했다. 심지어는 나의 생일 선물에 둘려 있던 포장지와 밑창이 다 떨어져 나간 운동화까지도. 나의 모든 걸 어딘가에 차곡차곡 모아두고 싶어 예전에 구입해 둔 커다란 보물 상자는 꽉 차 버린 지 오래다. 간직해야 할 건 늘어가는데 들여놓을 공간이 없어 전전긍긍하다 어느샌가 존재 자체를 잊어버리고 만다.

도서관에 있는 책도 때가 되면 다 버려야 한다. 옛날에는 학교에 도서관을 새로이 구축해야 했기 때문에 도서 '구입'에 집중했다. 하지만 최근에는 '폐기'를 강조한다. 도서관 책은 일 년에 천 권, 이천 권씩 늘어나는데,

책을 계속 넣기만 하다 보면 손바닥 하나가 들어갈 틈도 없이 순식간에 서가가 꽉꽉 차고 만다. 높이가 낮은 3단 책꽂이라도 더 비치해 볼까 싶지만, 도서관을 한 바퀴 슥- 둘러보고는 이내 마음을 접는다. 남는 공간이 있어야 서가든 뭐든 살 텐데 학교도서관은 좁아도 너무 좁다. 그렇다고 한정된 도서관 공간을 무작정 늘릴 수도 없는 노릇. 튼튼해 보이는 6단 양면 서가도 낡으면 버리고 새 걸로 바꿔야 하는데 매일 아이들의 손을 타는 책은 오죽할까. 사람들이 더는 찾지 않는 책, 반대로 사람들이 너무 많이 찾아서 보수에 보수를 거듭해 오다 너덜너덜해진 책, 세상에 나온 지 오랜 시간이 지나 종이가 누렇게 뜬 책부터 서가에서 빼낸다. 그렇게 몇백 권의 책들을 빼내다 보면 비로소 서가에 숨 쉴 공간이 생긴다. 버려야 또 살 수 있는 거다.

올해 첫 발령을 받은 중학교 신규 사서교사인 나에게도 어느덧 학교도서관의 책들을 처음으로 보내줘야 할 시간이 다가왔다. 이 책을 영영 보내는 게 맞나, 괜한 아쉬움에 책장을 다시 한번 사르르 넘겨 본다. 몸을 옥죄고 있던 책등 라벨부터 시원하게 벗겨준다. 내지가 다 떨어져 나간 인기 대출 도서의 책등에 붙어 있던 청구기호,

'813.6 김56'. 돌연 이 번호가 수감 번호같이 느껴진 이유는 뭘까. 번호표를 떼어내니 책이 전보다 가벼워진 듯한 이유는 또 뭘까. 너는 더 이상 '813.6 김56'이 아니다. 자료 시스템에서는 '가치 상실' 상태를 거쳐 끝내 '폐기'로 도서관에서 영영 사라지겠지만, 누군가의 마음속에는 영원히 남아 있을 테지. 도서관을 곧 떠날 수백 권의 책들을 차곡차곡 정리했다. 저 구석에 수북이 쌓인 책 뭉치를 보니 문득 집에 있는 보물 상자가 생각났다. 그 상자에 뭐가 들어 있었지? 떠올려 보려 했지만 생각이 잘 나지 않았다.

집에 와서 벽 모퉁이 깊숙이 박아둔 보물 상자를 꺼내 열었다. 내가 넣어두고도 까먹고 있었던 것들이 많았다. 고등학교 때 신문동아리에서 냈던 학교신문, 하나밖에 남지 않은 손수 만든 국문법 책, 소중한 사람들에게 지금까지 받은 손편지. 몇몇을 제외하고 상자를 모두 비워냈다. 꼭 손으로 만질 수 있어야만 의미가 살아나는 게 아니니까. 눈앞에서 볼 수 없다고 영영 사라지는 것도 아니니까. 추억은 그 상자 속에 있는 게 아니라 내 마음속에 있는 거니까. 마음 구석구석에 자리를 잡고 오래도록 머물러 있으니까. 온갖 이유를 붙이며 이제 비워내기로 했다.

    곧 나를 떠날 물건들을 마지막으로 이곳저곳 매만지며 예쁜 포장지에 하나씩 하나씩 담았다. 가장 아끼는 마스킹 테이프를 정성스럽게 붙여주고는 쓰레기통 안에 살포시 내려놓았다. 베란다에는 발이 시릴 정도로 겨울의 찬기가 가득했다. 언제 뒤틀렸는지 쓰레기통 구석에 고개가 옆으로 처박힌 꾸러미를 보니 나도 모르게 눈물이 고였다. 나의 무언가를 버리는 게 처음이었다. 그래서인지 자꾸만 미안한 마음이 들었다. 앞으로 나를 찾아올 시간과 마음들을 새로이 담아둘 수 있도록, 이제 이런 슬픔에는 익숙해지기로 했다. 잊지 않을 거니까, 그러니까 괜찮다.

그렇다고 전화를 먼저 걸 자신은 없다

친구가 울면 표정과 감정을 함께 나누며 괜찮아, 하고 등을 살포시 토닥여준다. 학생이 울면 많이 힘들구나, 오늘 무슨 일이 있었구나, 하며 이야기 들을 준비를 한다. 그런데 엄마가 울면, 이상하리만큼 머리가 아프고 급기야 화가 나기 시작한다.

혼자 살고 계시던 외할머니는 엊그제 밤에 화장실에서 그만 발을 헛디디고 마셨다. 10년 전 여름에도 같은 일이 있었다. 그때도 화장실이었다. 할머니 오른쪽 허벅다리에는 금이 갔다. 수술이 불가피했다. 할머니가 재활병원에 누워 계시는 동안 구미에서 대전까지 한걸음에 달려간 삼촌은 집 바닥 구석구석에 미끄럼 방지 매트를 깔았다. 할머니가 넘어지더라도 충격이 덜 하도록, 아니 절대 넘어질 수 없도록, 땀인지 눈물인지 모를 것을 바닥에 뚝뚝 흘리며 깔았다. 1년이 채 되지 않았을 무렵, 할머니는 재활에 성공하셨다. 절뚝, 절뚝. 예전처럼은 아니더라도 자유로울 수 있었다.

하지만 올해 할머니의 나이는 86살이었다. 두 번째 다리 수술을 받고 치료를 시작했지만, 과일을 넣어주러 온 대전 큰이모에게 의사는 이번 재활은 쉽지 않을 거라고 말했다. 한 달 뒤, 할머니는 결국 집이 아닌 요양병원으로 몸을 옮겨야 했다. 꽃샘추위가 기승을 부리는 3월. 내가 급식실에서 학생석이 아닌 교사석에 앉는 걸 여전히 어색해하며 점심을 먹고 있을 즈음에, 엄마는 대전으로 향하고 있었다.

학교를 마치고 집에 돌아오니 엄마는 거실 바닥에 대충 이불을 덮은 채로 누워 있었다. 꽁꽁 닫아놓은 암막 커튼 사이로 한 줄기 빛이 흐릿하게 새어 나왔다 사라지기를 반복했다. 대전에는 잘 다녀오셨냐는 나의 물음에도 엄마는 핸드폰에서 뿜어져 나오는 하얀 빛만 초점 없이 보고 있었다. 바싹 마른 눈동자였다. 뭐라 말을 해주고 싶다가도, 괜히 그랬다간 엄마가 간신히 참고 있는 눈물을 내가 다 쏟아내게 할까 봐 무서웠다. 마침 그날은 내 첫 월급날이었다. 분위기를 띄워보려 엄마에게 고급 한정식집에 가자고 밝게 소리쳤다. 엄마는 그래, 밖이라도 다녀오자, 하며 소파에 널브러져 있는 옷을 주워 입었다.

1인에 삼만 오천 원 하는 밥상다웠다. 평소에는 잘 먹을 수 없는 음식들이 줄줄이 상 위로 올라왔다. 치자로 물들인 노란 밥, 돌판 위에서 치익- 소리를 내며 노릇하게 익어가는 즉석 더덕구이, 갖가지 향을 머금은 보리굴비. 엄마는 입안에서 음식들을 오랫동안 우물우물 씹다가 겨우 삼키곤 했다. 평소 같으면 신이 나서 큰 눈을 깜빡거리며 주위를 두리번거렸을 엄마는 오늘은 상에 놓인 음식들에서 좀처럼 눈을 떼지 못했다. 맛있어? 정적을 깨려 던진 질문에 엄마는 작게 고개를 끄덕이며 잠깐 웃어 보이기만 할 뿐이었다.

평소 엄마와 내가 즐겨 가는 카페에 들어갔다. 우리가 좋아하는 창가 자리에는 벌써 다른 사람이 앉아 있었다. 엄마는 핫, 나는 아이스로 아메리카노 두 잔을 주문하고 아쉬운 대로 카페 한가운데에 있는 소파에 걸터앉았다. 그날따라 아무 말도 나오지 않았다. 이럴 때 내가 무슨 말이라도 먼저 꺼내야 하는 건데. 입이 떨어지지 않았다. 그러다 아까 먹었던 보리굴비가 생각났다. 바로 엄마에게 물었다. 보리굴비 어땠어? 엄마는 아무 말이 없었다. 없다가, 천천히 입을 열었다.

"그거 우리 엄마가 맛있게 잘하는데."

그때부터였다. 건조하고 메마른 눈에서 생기 없는 물이 뚝뚝 흘러나왔다. 엄마의 볼 위에 이리로 저리로 어지럽게 쏟아졌다. 푸석한 방울방울이 살찐 손가락 틈 사이로 새어 나갔다. 심하게 일그러진 미간이 앞으로, 뒤로, 연신 흔들렸다. 코에 한껏 힘을 주고 슬픔을 삼키려 해봐도 다시 결국 입으로 내뱉어질 뿐이었다. 휴지를 가져와 엄마에게 건넸지만, 손바닥 안에 들어간 휴지는 이내 돌돌 구겨졌다. 터져 나오는 울음을 종이 쪼가리 몇 장으로 다 적셔낼 수 없다는 걸 엄마는 이미 알고 있었을지도 모르겠다.

딸은 오늘 엄마를 유리벽 하나를 사이에 두고 만나야 했다. 코로나 바이러스가 한창 기승을 부리고 있던 시기였다. 병원 입장도 이해가 가기는 했지만 그래도 아쉬운 마음이 드는 건 어쩔 수 없었다. 오랜만에 본, 휠체어를 탄 엄마는 더 이상 풍성하게 다듬은 파마머리가 아니었고 옷매무새는 예전처럼 깔끔히 정돈되어 있지 않았다. 딸은 꾹 참았다. 겨우 한 마디를 간신히 뱉었다. 엄마, 나 왔어. 움직이지 않는 두 다리에서 주름이 더 깊게 팬 손등, 반 이상이 희게 변한 머리카락으로 시선을 천천히 옮겨갔다. 이윽고 두 눈을 마주쳤다. 엄마의 눈에는 원래 힘이 가득했는데. 항상 웃고 있는 눈이라 작아 보이는 거지, 그 속에는 강렬하고 단단한 힘이 있었는데. 엄마의 늙은 몸을 지탱하고 있던 힘이 모두 빠져나가 사라져 버린 것만 같이, 두 눈에는 정말이지 한 줄기의 생명감도 없었다. 딸은 그대로 고개를 숙이고 울고 말았다. 그토록 보고 싶었던 엄마였지만 차마 보기가 힘들었다. 칼바람이 부는 날씨에 목을 훤히 드러낸 채 몸을 웅크리고 있던 엄마도 딸을 따라 울었다. 소리 내어 서럽게 울음을 토하는 딸을 앞에 두고도 엄마는 딸을 따뜻하게 안아주지도, 눈물을 닦아주지도 못했다. 발이 묶여 그저 가만히 앉아 있을 수밖에 없었다. 대신 엄마는 유리창에 살포시 손을 올렸다. 약의 부작용 때문인지 퉁퉁 부어오른, 엄마의 거친 손이 딸의 앞을 드리웠다. 딸도 보들보들한 하얀 손을 따라 올렸다. 엄마가 손짓했다. 울지 말어. 멈추지 않는 눈물을 애써 닦으며 딸이 말했다. 미안해, 엄마.

언젠가 엄마도 할머니가 울면 화가 난다고 했다. 다른 사람들은 전혀 그렇지 않은데 유독 할머니가 울면 할머니의 얼굴을 보는 게 망설여진다고 했다. 그저 그만 빨리 멈춰주었으면, 하는 마음이 들 뿐이었다고. 내게 가장 소중한 사람이 슬퍼할 때, 선뜻 손을 잡아주지 못하고 등을 토닥여주지 못하는 이유는 뭘까. 엄마도 나도 왜 서로의 엄마를 외면하는 걸까.

어쩌면 정면으로 마주할 자신이 없는 게 아닐까. 엄마의 일그러진 표정을, 엄마의 들썩이는 어깨를, 엄마의 애달픈 울음을, 또는 엄마의 모든 것들을. 아니면, 이 중 어느 하나도 감당해 내지 못하는 나 자신의 모습을. 엄마 때문에 되레 내가 상처받을까 봐 일부러 피하는 건 아닐까.

타인의 감정과 거리를 두면 내가 상처 입을 일은 없다. 그러니 다른 사람들에게는 내가 할 수 있는 만큼 마음껏 위로해 줄 수 있다. 이건 너의 일, 너의 감정이야, 하고 쉬이 구분이 된다. 그렇지만 엄마에게는 그게 안 된다. 엄마에게만큼은 그럴 수 없다. 그래서 어쩔 줄 몰라 하다가 도망친다. 위로하려는 시도조차 하지 않고 외면해 버리고 만다. 그저 방문을 닫고 밖에 있는 낯선 여자가 원래 내가 알던 엄마로 돌아올 때까지 기다린다. 멍하니 앉아 시간이 빨리 가기만을 바란다.

어느덧 9월이다. 할머니의 집이 그립다. 할머니가 집에 없으니 가족이 한데 모일 곳이 없다. 추석이 왔지만 대전에는 가지 못했다. 못 간 건지 안 간 건지 아직도 잘 모르겠지만, 어쨌든. 그저 할머니가 보고 싶다. 그렇다고 전화를 먼저 걸 자신은 없다. 끝까지 나는 이기적인 아들이고, 손자다.

꺼멓게 탄 고기 한 점

　가족들과 오랜만에 시청 주변에 있는 식당에 저녁을 먹으러 간 날이었다. 식당은 만석이었고 사람들은 다닥다닥 붙어 앉아 웃고 떠들고 먹고 마시는 데 여념이 없었다. 옆 테이블에는 성인 남자 네 명이 있었는데, 술을 꽤 마셨는지 하도 큰 소리로 말을 해서 그들이 공무원이라는 사실과 막대한 업무량, 악성 민원 전화, 상사의 비위를 맞춰주는 일로 인해 극심한 스트레스를 받고 있다는 것을 알게 되었다. 공무원이라는 직업도 참 힘들겠다, 생각하고 엄마와 말을 나누려던 찰나, '사서'라는 두 글자가 슉- 하고 날아와 내 귀에 박혔다.

　"야, 공무원 직렬 중에 사서직이 개꿀이야. 걔네가 일할 게 뭐가 있어? 그냥 앉아만 있어도 돈이 나오는데!" 아, 방심했다. 학교 밖이라 긴장을 풀고 있었는데. 순식간에 숨이 확 조여왔다. 나머지 남자 셋이 그의 말에 맞장구치고 낄낄거렸다. 이마에 식은땀이 흐르는 게 느껴졌다. 물컵에 있는 냉수를 들이켰다. 그들은 거기서 그치지 않았다. 도서관 사서는 여성으로 표상되기 마련. 여자들은 사회에 도움 안 되는 쉬운 일만 한다는 궤변에 이어 나도 사서직'이나' 할걸-이라는 앓는 소리로 클라이맥스를 찍으며 술잔을 부딪쳤다. 쨍그랑. 가족들은 내 눈치를 봤고 나는 당장이라도 자리를 박차고 나가고 싶은 충동이 일었다. 급기야 깨질 듯이 머리가 아파왔다. 학교에서 들었던 무수한 말들과 너무나도 닮아 있었기에. 사서교사가 그렇듯 사서도 공무원 사회 내에서 약자였다. 누군가의 부족함과 열등감을 채우기 위해 소모되는 도구였고, 너도나도 마음 편히 씹고 뜯을 수 있는 안줏거리였다. 가족들은 한동안 아무 말이 없었다. 불편한 정적이 예상보다 길어졌다. 뭐라도 해야겠다 싶어 집게로 애먼 고기를 뒤척였다. 식당 바깥에 줄을 선 사람들이 더 늘었다. 어디선가 들어온 담배 냄새가 옆 테이블의 된장찌개 냄새와 섞여 코를 찔렀다. 꺼멓게 탄 고기 한 점이 벌어진 불판 사이로 힘없이 빠졌다.

선생님도 선생님이에요?

　대학 본과 동기들 중 임용고시 초수 합격생은 단 한 명도 없었다. 초수로 합격한 사람들은 주전공인 국어가 아닌, 복수전공을 한 과목으로 시험을 치른 이들이었다. 문헌정보교육을 복수전공한 나도 여기에 속했다. 눈물을 쏟을 만큼 기쁘면서도 한편으로는 긴장이 되었다. 기분 좋은 떨림이 아닌 날이 선 불안이었다. 특히 임용고시에 합격했다는 소식을 말할 때면 더 그랬다. 사서교사 배치율이 10%도 되지 않는 경북에서는 마음의 준비를 더더욱 단단히 해야 했다. 대화의 대략적인 루틴은 이렇다.

　"저 사서교사 임용고시에 합격했어요!"
　"오, 축하해! 그런데 무슨 교사?"
　"사서교사요. 사-서-교-사."
　"오……. 그런데 사서교사가 뭐야?"
　"학교도서관 운영과 독서교육을 담당하는 교사예요.

쉽게 말하면, 도서관 사서의 선생님 버전?"

"요즘엔 그런 선생님도 있구나. 내가 학교 다닐 땐 없었는데. 그럼 수업도 하나?"

"따로 맡은 정규 수업은 없고, 독서 관련 프로그램이나 도서관 동아리 수업을 주로 해요."

"아하, 그럼 담임은?"

"올해는 안 하게 됐어요. 도서관 업무 특성상 담임을 맡을 수가 없으니 학교에서 관습적으로 안 시키죠."

"아, 할 수는 있고?"

"사서교사도 교사니까요."

어른들이나 내 또래 친구들은 사서교사의 존재 자체에 대해 모르는 게 당연하다. 학교 다닐 때 본 적이 한 번도 없기 때문이다. 나도 사서교사의 존재를 대학에 가서나 알았으니까. 사실 사서교사는 1980년대부터 쭉 있어 왔지만, 30여 년의 세월 동안 스포이트로 물을 짜내는 것마냥 찔끔찔끔 뽑아 왔기 때문에 몇 년 전까지만 해도 전국적으로 겨우 200여 명밖에 되지 않았다. 그야말로 존재한다고는 하는데 실제로 본 사람은 없는, 전설로만 내려오는 존재였달까. 그러다 2017학년도부터 학교 도서관과 독서교육의 중요성이 대두되며 현재까지 임용고시를 통해 1년에 전국 200명 정도씩 사서교사를 선발하고 있다. (지금은 선발 인원이 많이 줄었다.) 하지만 내가 살고 있는 구미의 초·중·고등학교만 해도 100개가 넘는 걸 생각해 보면 아직 사서교사의 수는 턱없이 부족하다. 설령 사서교사가 배치된다 하더라도 일이 없어 보인다는 이유로 학교의 잡무를 몰아주는 바람에 정작 도서관에 신경을 쓰지 못하는 경우가 적지 않고, 사서교사의 교육적인 역할을 충분히 보여주기에는 정규 수업 시간이 필수적으로 확보되어 있지 않는 등 제도적인 부분이 아직 뒷받침되어 있지 않다. '이론상' 사서교사는 학교에서 독서교육, 정보활용교육, 도서관 협력수업 등을 담당하는데, 여건이 안 돼서 하고 싶어도 못 하는 실정이다. 그래서일까. 교사로 인정받지 못하는 것만 같은 느낌이 들 때가 종종 있다.

"선생님도 선생님이에요?"

이 얼마나 모순적인 문장인가. 선생님이라고 부르고 있으면서 선생님이냐니! 아이들은 학교의 모든 어른들을 다 선생님이라고 부른다. 도서관에 있는 저 남자가 교사인지 사서인지 아니면 대학생 자원봉사자인지 분간이 가지 않지만 그냥 선생님이라고 부른다. 그렇다고 나를 자신의 담임선생님, 수업을 하는 교과 선생님들과 같은 선생님이라고 생각하지는 않는다. 실제로 적지 않은 아이들이 그렇게 말하고 또 생각한다. 신학기 3월에는 말할 것도 없다. 아이들의 질문이 이해가 안 되는 건 아니다. 나도 학생 때 같은 의문을 가졌었으니까.

2학년 중간고사 영어 시험 감독이 있었던 날, 내가 반으로 들어가자 평소 도서관에 자주 오던 한 남학생이 까무러치게 놀라는 표정을 지었다. 속으로 왜 저러나 싶었는데, 그 학생이 하는 말에 머리를 한 대 맞은 것 같았다. 선생님, 도서관 문지기 아니었어요? 맞은 부분이 너무 얼얼해서 아무 말도 나오지가 않았다. 학생의 표정을 보니 나를 놀리려고 하는 말이 아니라, 정말 궁금해서 묻는 거였다. 눈빛이 말하고 있었다. 선생님들만 할 수 있는 시험 감독에 저 사람이 어떻게 들어온 거지? 순간적으로 울컥했지만, 매번 그러던 것처럼 옅은 웃음을 지으며 말했다. 몰랐구나! 선생님도 임용고시 통과한 선생님이야! 그래도 그 학생은 여전히 믿기지 않는다는 듯이 고개를 갸우뚱거렸다. 그 모습을 애써 외면하고 웅성거리는 아이들을 조용히 시켰다. 갈색 봉투를 뜯고 시험지를 학생 수에 맞게 나눌 준비를 했다. 어째 시험지 장수를 세면 셀수록 기운이 쭉쭉 빠지는 기분이 들었다.

　사람이라면 누구나 타인에게 존중받기를 원한다. 내가 남을 바라봐주는 만큼 남도 나를 같은 시선으로 바라봐주길 바란다. 그런데, 이제 나는 그런 욕구조차 가지면 안 되는 건가 싶다. 내가 부릴 욕심을 툴툴 털어내고, 대신 내 옆의 사람들에게 나의 마음을 한 움큼 두 움큼 쥐어 주기만 해야 하는 운명인가 보다. 과연 내가 그렇게 할 수 있을까. 매일 나를 찾던 이가 하루만 오지 않아도 섭섭해하는 내가 다른 이들이 나를 어떻게 대하든 신경 쓰지 않고, 그저 사랑을 조건 없이 나누어 주기만 할 수 있을까. 애초에, 떼어 줄 마음을 한 움큼이라도 갖고 있기는 한 걸까.

　남들이 나를 어떻게 바라보는가에 대한 문제는 둘째 치고, 스스로 꽤 괜찮은 관계를 맺고 있다고 믿고 있었던 이들의 속마음을 알아차리곤 할 때가 고비였다. 나만 몰랐던 뼈아픈 사실, 나 혼자만의 망상과 착각, 내 마음을 찌르는 자괴감이 연속적으로 줄줄 이어질 때면 스스로에게 질문을 던지는 일 외에는 할 수 있는 게 없다는 사실에 무력해지고 만다. 나는 어떤 사람이 되고 싶은 걸까. 나는 어떤 사람이 되어야 하는 걸까. 나는 뭘 어떻게 하고 싶은 걸까. 나는 뭘 어떻게 해야 하는 걸까. 도대체 뭐가 문제인지 어디서부터 풀어나가야 하는지 하나도 모를 것 같은 때가 이렇게 예고 없이 종종 찾아온다.

OMR 카드와 시험지를 서둘러 나누어주었다. 종이 칠 때까지 아이들에게 눈을 감고 있도록 했다. 교실에는 순식간에 어색한 고요가 찾아왔다. 아이들은 숨소리도 내지 않고 벌을 받듯 앉아 있었다. 시험지를 너무 일찍 나누어주었나. 나도 불편하게 눈알을 이리저리 굴렸다.

그렇게 할 게 많아요?

"선생님은 뭐 해요?" (뭐하긴요, 일하죠…)

"도서관에 할 일이 있어요?" (네… 많아요…)

"사서 너무 좋죠? 세상에 이런 직업이 어딨어.
우리 딸도 사서 시키고 싶은데 애가 안 하려고 해요."
(아, 그러시구나…)

"선생님도 야근을 해요?" (네…?)

"(다짜고짜) 부러워요." (……)

나를 놀리려는 목적이든, 정말 몰라서 묻는 거든 아이들이 말하는 건 괜찮다. (솔직히 아주 조금 안 괜찮다.) 해주고 싶은 말은 많지만, 아직 어리고 모르는 게 많은 존재들이니 얼마든지 이해해 줄 수 있다. 하지만 만약 저런 말을 하는 사람이 아이들이 아니라면? 더는 상대하고 싶지 않아진다. 서로가 서로를 이해해 주면 될 일을 꼭 굳이 그런 식으로 말을 해야 하는지 의문만 든다. 사서교사는 수업도 없고, 일도 도서부 애들 다 시키면 되고, 도서관에서 혼자 놀 수 있으니 얼마나 좋냐고 말하는 사람들. 어떤 상황인지도 제대로 모르고 그저 '내 눈엔 그렇게 보인다'는 이유로 제멋대로 판단하고 때때로는 돌려 까기도 하는 '무례한' 사람들에게 말해주고 싶다. 눈에 보이는 게 다가 아니라고! 어떤 누군가는 사서교사가 무슨 일을 하는지 궁금할 수 있으니 10월 어느 수요일의 일기 중 일부를 발췌해 아래에 옮겨보기로 한다. 그래도 비딱하게 볼 사람은 비딱하게 볼 것 같은데, 그건 내 능력 밖이니 어쩔 수 없다. 그에게도 다 그럴 만한 사정이 있겠지.

*

학교에 있으니 교육청에서 학교도서관에 많이 투자하고 있다는 사실을 체감한다. 전교 학급문고 구축, 도서 구입비 지원, 비품 구입비 지원 등등 올해만 해도 3가지가 넘는 교육청 사업이 있었다. 특히 학급문고의 경우, 우리 학교는 원래부터 학급문고가 없었기 때문에 이번 기회에 확실하게 시작해 두어야겠다고 생각했다. 그래서 2주 전부터 학년별로 도서 목록을 만들고 한 개에 40,000원을 넘지 않는 책장을 찾아야 했다. 어찌저찌 예산에 맞는 책장을 찾아 저번 주에 주문을 했는데 하필! 오늘 점심시간에! 사전 예고

도 없이! 책장 25개가 1층 현관에 우르르 도착해 버렸다. 1층으로 내려가 수습을 하느라 점심을 거를 수밖에 없었다. 그래도 도서관 운영 때문에 매일 1등으로 밥을 먹으러 오는 내가 급식실에 오지 않은 것을 눈치챈 영양 선생님께서 빵이며 우유며 이것저것 챙겨주셔서 정말 감사했다.

1,000만 원어치 학급문고 책도 곧 올 예정인데 걱정이다. 학년별, 반별로 책을 나눠 하나하나 도장을 찍고 스티커를 붙여 배부할 생각을 하니 벌써부터 아찔하다. 도서부 아이들이 없었다면 나는 벌써 학교를 떴을지도 모른다. 지난주에 교육청 도서 구입비 지원 사업에 선정이 돼서 400만 원어치 책 목록도 얼른 만들어야 하는데, 도서 구입을 할 때마다 고역인 부분이 하나 있다. 우리 학교 도서관에 있는 도서랑 겹치지 않는지 일일이 확인해야 한다는 점이다. 지난달 도서관 정기 도서 구입 때 새로 샀던 600만 원어치 책 목록도 놓치지 않아야 한다. 아, 품절 도서는 왜 그리 또 많은지!

6, 7, 8교시에는 1학년 진로수업과 2학년 동아리 수업, 그리고 방과 후 독서치료 수업이 내리 있었다. 내

일은 독서토론동아리 아이들 토론수업이 있어서 집에 오자마자 이번 토론 책인 <선량한 차별주의자>의 내용을 다시 한번 살펴보며 방금까지 수업 준비를 했다. 모레 오후에는 여중에 도서관 컨설팅이 잡혀 있어서 출장이 있으니 내일 나이스에 복무 신청 꼭 올려두자. 원래 매주 그 시간에 아이들과 가던 책방 탐방 프로그램을 못 간다는 게 아쉬울 뿐이다.

　다음 주에는 책쓰기 프로그램 아이들 중간 점검이 있어서 아이들이 지금까지 쓴 글을 읽고 매일 점심시간마다 피드백을 해줘야 한다. 책쓰기에 열정이 넘치는 아이들은 벌써 나에게 글을 보내뒀는데 눈에 띄는 글이 벌써 몇몇 보인다. 아이들의 첫 책을 위해 최선을 다해서 도와주어야지. 그다음 주에는 인문학 아카데미랑 10월 도서관 행사가 있으니 계획서를 얼른 써서 결재 올리고 시간 날 때마다 물품 정리해서 품의 올려두고 홍보 포스터도 미리 만들어놔야겠다. 또 도서부 아이들이랑 이번 달 아침 독서 방송 영상 만들어서 각 교실에 틀어줘야 하니까 남은 한 달은 특히 더 시간 배분을 잘해야겠다. 아참, 공방에 북 큐레이션 서가 주문 제작을 의뢰해 놓았는데, 견적 관련해서 내일 사장님께 다시 한번 연락드려봐야지. 분명 학교는 학기 초만 바쁘고 나머지는 좀 널널하다고 했는데 달력의 일정표를 보면 아무리 봐도 틀린 말 같다.

    지금 이 세상에서 내가 제일 바쁘고 힘들다는 말을 하고 싶은 게 절대 아니다. 그저 내가 도서관에서 드립커피 한 잔 내려 마시며 우아하게 책장을 넘기는 여유 가득한 아침을 보내고 세상 편하게 앉아 도서관에 오는 아이들을 대충 맞이해주다 오후 시간 얼렁뚱땅 때우고 퇴근하는 게 아니라는 걸 알아줬으면, 하는 마음이다. 사서교사의 힘든 점. 내가 지금 힘든 이유. 그건 아마도 '혼자'라는 느낌을 받을 때가 많아서가 아닐까. 사서교사는 전교에 단 한 명뿐이다. 그 누구도 내가 무슨 일을 하는지, 어떤 고충을 가지고 있는지, 올해 몇천만 원의 예산을 집행했는지 알지 못한다. 대충 이렇겠거니, 피상적으로 이해하고 넘어갈 뿐이다. 내가 아무리 많은 프로그램을 열고 다양한 교육활동을 해도 내게 쏟아지는 편견은 여전할 것만 같다. 잘 살고 있다고, 잘하고 있다고 생각했는데 남들이 툭 던지는 가벼운 한마디에 모든 것이 부정당하는 느낌을 받는다. '있으면 좋고 없으면 그만인'. 정말 나는 딱 그 정도 존재인 걸까. 혼자라는 느낌을 받는 건, 오로지 '혼자 있기 때문'만은 아닌 거다. 그래, 내 주변의 모든 사람들도 그 나름의 남모를 고충을 안고 살아가고 있다는 걸, 나도 안다. 아무리 노력해도 우리는 타인에 대해 완벽하게 이해할 수 없다는 불변의 진리를 너무나도 잘 안다. 그러니 애가 칭얼대는 것마냥 투정 부리는 건 그만하자고 다짐해 봐도, 학교를 오가는 내내 별 이유 없이 마음이 축 가라앉는 경험을 몇 번이고 해버렸다. 아무래도 어른이 되기엔 아직 멀었나 보다.

맏도리 소설의 세계

　사서교사로서 용기 내어 고백을 하나 하자면, 어린 시절의 나는 책을 좋아하지 않았다! (두둥) 사서와 도서관이라는 단어는 내 삶에 없다고 생각할 정도로, 아니 그런 생각조차 해보지 않았을 정도로 책에 무심했다. 고등학교 시절 나에게 문학은 정답에 맞게 해석해야 하는 암호 같은 것이었다. 내가 작품을 어떻게 보고 느끼든 나의 감상은 꾹꾹 누르고 오지선다 중 올바른 정답을 찾아야 했으니까. 그래서일까. 사서교사가 되고 나서도 한동안 800번 서가에 선뜻 손을 내밀 수 없었다. 대신 평소에 관심 있었던 인문학 책과 심리학 책을 읽었다. 소설책을 무슨 재미로 읽는지 가늠이 되지 않았다. 책이 빼곡한 도서관에 종일 있음에도 불구하고.

　소설이 재미있다고 처음으로 느꼈던 때는 이제 막 교직 1년 차를 마무리하던 겨울이었다. 장소는 다름 아닌 도서관. 선뜻 집어 들기엔 다소 두꺼운 책이었음에도 분홍색으로 시작해서 연두색으로 끝나는 그라데이션 표지가 매력적인 그 책에서 눈을 뗄 수가 없었다. 순간 '이 책은 무조건 다 읽어야겠다'라는 강한 이끌림이 느껴졌다. 책을 들고 조용한 카페 한구석에 가 앉아 그 자리에서 엉덩이 한 번 떼지 않고 단숨에 읽어냈다. '아, 이게 소설이구나.'하고 느낀 내 인생 첫 소설, 바로 최은영 작가의 『밝은 밤』이었다. 글이 주는 힘과 위로, 물 흐르듯 자연스럽고 읽을 맛이 나는 서사, 책을 덮을 때 온몸을 가득 채운 감동과 시간이 지나도 잊히지 않는 문장들. 그 뒤부터는 서점에서 첫 한두 페이지를 넘겨 보고 재미있어 보인다 싶으면 바로 소설을 사서 남는 시간에 틈틈이 읽는 습관이 생겼다. 책이 재미있어서 밤늦은 시간까지 다 읽고 잘 때도 많아졌다. 그러면 그다음 날 아침은 무조건 10분, 20분씩 늦잠을 자는데, 급한 마음으로 등교 준비를 서두르면서도 어쩐지 개운한 기분이 든다. 새로 태어난 사람처럼.

소설 속에 작가가 숨겨 놓은 무언가가 있을 거라고 생각하면서 그걸 애써 찾으려 끙끙대지 않아도 괜찮다는 걸 사서교사가 되어서야 깨달았다. 책은 '그냥' 읽어도 된다. 그렇게 읽어도 아무 문제가 없다. 책을 읽은 뒤의 나는 읽기 전의 나보다 조금 더 나은 사람이 되어 있다. 그렇다고 뭐가 어떻게 나아진 건지 구태여 찾지 않아도 된다. 아이들에게도 마찬가지다. 단 하나로 정해진 정답을 찾게 하는 게 아니라, 내 생각과 네 생각이 모두 다 정답이라고 말할 수 있는 교육. 그런 독서교육을 할 수 있는 사서교사가 되어 참 기쁘다. 뭔가를 찾아내야 한다는 부담이 없어진 지금, 비로소 소설이 그 어떤 책보다 좋다. 소설 공부를 싫어하던 내가 이제는 소설부터 찾고 있다니. 사람 일은 정말이지 예측할 수 없구나.

학교도서관의 기상천외한 질문들

 12시 20분, 점심시간을 알리는 종소리가 울린다. 아이들이 하나둘씩 도서관 문을 열고 웃으며 들어온다. 금세 이런저런 말소리들로 북적이는 도서관. 책도 읽고 이야기도 나누고 칠판에 낙서도 할 수 있는 도서관. 내가 만들고 싶었던, 거리낌 없는 도서관. 이제는 익숙해진 그 광경을 마주할 때마다 아이들이 도서관을 편안한 공간으로 느끼고 있는 것 같아 괜히 입꼬리가 올라간다. 그 풍경을 미소 띤 얼굴로 바라보고 있다 보면 어느샌가 내 앞에 아이들이 다가와 말을 걸기 시작한다. 오전에 있었던 이야기를 나누고 다음 도서관 수업 시간에는 무얼 하냐고 묻는다. 그러다 한 번씩 고요하던 나의 머릿속을 바쁘게 만드는 질문들을 할 때가 있다. "여기서 제일 인기 있는 책이 뭐예요?"나 "요즘 재미있는 책 하나만 추천해 주세요." 같은 질문은 명함도 못 내민다. 한없이 평화로워 보이는 학교도서관. 그곳에서 오가는 기상천외한 질문들을 한데 모아보았다.

1. "파란색 책이고 일본 소설이에요. 남자주인공이 잘생겼어요. 그 책 제목이 뭐죠?"

빠밤. 제목 추리 게임이 시작되었다! 그래도 일본 소설이라는 아주 큰 힌트가 있으니 833.6 서가에 가서 파란색 표지를 찾는다. 일본 소설답게 감성적인 일러스트가 가득 담긴 파란색 책들이 여럿 눈에 띈다. 그렇지만 보일 듯 말 듯한 작은 크기로 멀찍이 서 있는 남자들이 그려진 표지는 있는데, 아무리 찾아도 잘생긴 남자주인공이 등장하는 책은 없다. 신간 도서 코너에도 가 보고 북 큐레이션 코너에도 가 보았지만 허탕이다. 끙- 하고 골머리를 앓고 있던 찰나, 반납된 책이 빼곡히 꽂혀있는 책수레에서 아이가 먼저 책을 발견했다.

"아, 이거예요! 마츠무라 료야의 『내가 나를 버린 날』!"
표지를 보니 하늘색이었다. 그렇지. 하늘색도 파란색이지.

2. "노란색 책인데 너무 슬픈 책이었어요. 읽는 내내 계속 울었어요. 혹시 찾아주실 수 있으신가요?"

노란색 표지의 슬픈 책을 찾으려면 뭐부터 해야 할지 고민해 본다. 소설 코너에 가서 노란색 책을 찾으며 끊임없이 생각한다. 노란 표지에 슬픈 책……. 슬픈데 노란 표지……. 그러다 민음사 젊은 작가 시리즈, 강진아 작가의 『오늘의 엄마』가 떠오른다. 하늘색 표지이지만 노란색도 섞여 있기 때문에 아이가 착각했을 수도 있다.

"혹시 책 내용이 엄마와 관련된 이야기 아니야?"
나의 질문에 아이의 눈이 커진다.
"오오! 맞아요!"
기세등등한 발걸음으로 책을 빼내어 보여주자 아이는 표정이 바뀐다.
"어? 이거 아닌데요?"

서가를 몇 번 더 훑었을까. 내가 우왕좌왕하는 사이 신간 도서 코너 한가운데에 떡 하니 놓여 있는 책을 아이가 먼저 집어 든다. 정체는 하리 작가의 『충분히 슬퍼할 것』. 어머니를 여읜 작가님이 펴낸 만화책이다. 그제야 아이는 내가 엄청 슬픈 신간 만화책이라고 추천해 준 덕분에 읽게 됐다고 말해준다. 그랬구나. 그런데 그걸 지금 말하면 어떡해! ^^

3. "선생님은 이 도서관에 있는 책 다 읽어보셨어요?"

매미 소리 가득한 점심시간의 도서관, 아이들과 이런저런 이야기를 나누다 그중 한 아이가 뭐가 급히 생각난 듯한 표정으로 내게 물어본다. 아이의 눈망울을 가만 들여다본다. 지금 아이는 무척 진지하다. 귀여운 질문과 무해한 눈동자. 그 조합이 퍽 웃겨 내가 웃음을 빵 터뜨리자 옆에 있던 다른 아이가 그걸 질문이라고 하는 거냐는 눈빛으로 친구를 쏘아보며 말한다.

"야, 당연히 다 읽어보셨겠지. 사서선생님인데!"
물론 당연히 다 안 읽어봤다.

4. 오늘 급식 맛있어요?"

밥을 일찍 먹고 점심시간에 도서관을 운영하는 사서교사에게 빠질 수 없는 질문이다. 이 질문을 받으면 기미상궁이 된 것만 같아 기분이 묘해진다. 열이면 열, 다 맛있다고 답한다. 우리 학교 급식은 정말 맛있기 때문에! 가장 맛있었던 메뉴를 말해주면 아이들은 빨리 밥 먹고 싶다며 칭얼거린다. 선생님은 밥 빨리 먹을 수 있어서 좋겠다고 부러워한다. 그 모습이 썩 귀엽다.

5. "선생님은 어릴 때 공부 잘했어요?"

참나. 내가 공부 못 하게 생겼나? 그걸 질문이라고 하고 있냐는 눈빛으로 아이들을 째려본다. 곧바로 다음 질문이 이어진다. 선생님은 중학교 내신 점수 몇 점이었어요? 전교에서 몇 등까지 해봤어요? 무언가 확신에 가득 찬 장난기 가득한 말투로 물어보는 아이들에게 친히 나의 학창 시절 점수와 등수를 시원하게 공개한다. 아이들의 얼굴이 금세 실망감으로 구겨진다. 뾰로통한 표정으로 한 마디를 툭 던지고 도서관을 나간다.

"선생님이랑 이제 말 안 해요. 배신감 들어요."

나보다는 너희 점수가 높을 줄 알았구나. 장난이 아니고 그동안 진심 그렇게 믿고 있었구나. 그래도 그렇지, 얘들아. 선생님도 선생님이야…….

6. "선생님은 한 달에 월급 얼마나 받아요?"

몰라서 묻는 거다. 몰라서 묻는 거다. 몰라서 묻는 거다…….

* 『학교도서관저널 2023년 1-2월호』
수록 원고를 각색한 글입니다.

초임교사의 짝사랑

　초임 때의 나는 아이들을 많이 좋아했고 동시에 아이들에게 자주 서운해했다. (물론 티를 내지는 않았다.) '기대가 없으면 실망도 없는 법'이란 말이 있으면 '기대를 하면 실망하기 마련'이란 말도 있겠지. 섭섭한 감정은 내가 상대에게 기대했기 때문에 생긴다. 그 당시의 나는 아이들에게 '엄청 많이' 기대하고 있었는데, 내가 아이들에게 편지를 써 주면 아이들이 짧게라도 쪽지를 써 주길 원했고 내가 아이들을 생각하는 것만큼 아이들도 나를 생각해 주길 바랐다. 아이들이 나를 찾지 않으면 '나만 진심인가 봐. 아이들은 나를 좋아해 주지 않나 봐.' 하고 슬퍼하다가도 어쩌다 아이들이 나에게 조금의 관심이라도 보이면 하늘을 나는 것같이 행복했다. 이제 막 학교에 부임한 초임 교사가 가지는, 핑크빛 환상과 아이들에 대한 무한 사랑은 누가 와도 말릴 수 없었다. 모든 아이들을 있는 그대로 사랑하려 노력했다. 문제는 아이들을 향한 내 애정의 깊이가 아이들에게 거는 기대감의 크기와 비례했다는 거였다. 지금 생각해 보면 참 어리고 위험한 마음이었다. 어른답지 못한 속 좁고 치졸한 마음인 줄 알면서도 그때는 그런 마음이 들었다.

기대하면 필연적으로 불행해진다는 걸 이제는 안다. 교직은 짝사랑의 연속이라는 말이 괜히 있는 게 아니다. 내가 주고 싶은 사랑을, 내가 쏟을 수 있는 마음을 아이들에게 그저 듬뿍 주기만 하자고 다짐한다. 내 마음을 있는 힘껏 표현하고 보여주자. 하나도 돌려받지 않아도 좋다. 아낌없이 주기만 해도 우리의 시간은 너무나도 짧으니까.

도태되는 중입니다

대개 교사라고 하면 머리도 좋고, 말을 할 때도 흐트러짐 없이 하고, 남들보다 많은 지식을 가지고 있을 거라고 생각한다. 그리고 실제로 대부분의 교사들이 그런 편이다.

그다지 잘하는 게 별로 없는 사람. 그게 바로 나다. 방금 외운 것도 몇 분, 아니 몇 초만 지나면 기억하지 못한다. 학기 초만 되면 아이들 이름을 외우는 데 한참 애를 먹는다. 하루는 집에서 안경을 냉장고에 벗어 놓고 귀신이 곡할 노릇이라며 애먼 곳을 찾은 적도 있었다. 이런 나 자신이 우습다가도 무서웠다. 최근에는 말이 꼬일 때가 잦아졌다. 알아듣기 쉽게 말하고 싶은데, 누군가의 앞에서 버벅거리고 싶지 않은데 입이 내 마음을 따라주지 않는다. 긴장이 되어서인지 말을 하기 전에 부쩍 생각이 많아진다. 원래부터 좋지 않았던 발음도 날이 갈수록 더

뭉개지는 것 같다. 임용 2차 면접을 준비할 때 죽도록 연습했던 입 크게 벌리기, 한 자 한 자 천천히 말하기를 오랜만에 시도해 본다.

나의 말을 곧바로 이해하지 못하고, 휴대폰 앱 사용법을 몰라 쩔쩔매고 있는 아빠를 보면 예전과는 달리 왠지 모를 공감이 간다. 지금의 나는 젊은 나이지만, 아이들과 나란히 서면 곧바로 늙은 사람이 된다. 서른이 되어도 마흔이 되어도 여전히 10대인 아이들과 함께 속닥일 수 있을까. 받아들이는 속도는 느려지고 받아들이려는 마음은 작아질 텐데. 해가 갈수록 벌어져가는 거리를 나는 좁힐 수 있을까.

이런 내가 교사가 되었다. 아이들을 잘 가르치고 잘 지도해야 하는 선생님이 되었다. 교사라고 하기에는 모자란 구석을 매일 하나씩 스스로 알아간다. 그래도 나, 열심히 하는 건 누구보다도 잘했으니까. 지금까지 내가 목표로 한 걸 이뤄올 수 있었던 것도 남들보다 더 열심히 했기 때문이라고 믿는다. 똑똑하고 빈틈없는 선생님 말고 성실하고 수더분한 선생님으로 아이들 곁에 있어 주자고 마음을 다잡는다.

우리는 모두 도태될 수밖에 없다. 시간이 가면 갈수록 몸도 마음도 약해지기 마련이다. 지극히 당연한 일이다. 그럼에도 도태에 대한 두려움이 마음에 자꾸만 인다. 불안을 잠재우려 계속해서 다짐을 해본다. 지금보다 책을 더 읽어야겠다. 모르는 걸 인정하고 배워야겠다. 아이들과 이야기 나누는 시간을 더 많이 보내야겠다. 도태되는 걸 막을 수는 없으니 최대한 자연스럽게 도태되는 걸 목표로 삼아야겠다. 늘 그래왔듯, 할 수 있는 데까지는 해봐야겠다.

열심히 쓸고 닦고 치워도

'땅-딩딩딩딩- 딩딩딩-딩디리리리링-'

아, 빨래 다 됐다. 빼러 가야 하는데 일어나기가 귀찮다. 벨 소리를 입으로 따라 부르며 세탁기가 자동으로 꺼질 때까지 가만히 누워 있는다. 쇼츠를 손가락으로 넘기며 이것만 보고 가야지, 진짜 이것만 보고 가야지, 하고 있는데 보다 못한 엄마가 소파에서 일어난다. 그제야 후다닥 베란다로 뛰어가서 무거운 빨래를 두 팔 벌려 한 움큼 거둬온다.

매번 생각하는 거지만 4인 가족의 빨랫감은 많아도 너무 많다. 아침저녁으로 나오는 수건만 해도 벌써 여덟 장이다. 엄마와 같이 서른 장이 넘는 수건과 가지각색의 속옷을 개고 같은 양말 찾기 놀이를 한다. 절반 정도 갰을 즈음엔가. 엄마는 집안일은 아무리 해도 끝이 없다고, 쓰는 사람 치우는 사람 따로 있다고, 기껏 해 놔도 아무도 몰라준다고 서러움과 체념이 반반 섞인 목소리로 말한다. 그렇다고 해서 청소기를 돌리지 않으면, 설거지를 해놓지 않으면, 빨래를 비워두지 않으면 금세 눈에 띄고 마는데 이 일이 그렇게 못마땅할 수가 없다고. 집안일은 그렇다. 아무리 해도 티가 안 나는데, 안 하는 순간 바로 티가 나는 일. 보이지 않는 곳에서 소리 없이 일어나는 보이지 않는 일. 심지어 보수도 없고 노동으로 인정해주지도 않는 일. 애석하게도 누군가는 해야만 하는 일.

서가에 잘못 꽂혀 있는 책들을 모두 꺼내 번호순대로 다시 정배열해도, 도서관 바닥을 열심히 쓸고 서가 사이와 탁자 위를 구석구석 닦아도 사람들은 그 사실을 눈치채지 못한다. 북 큐레이션 주제를 다른 주제로 바꿔서 서가에 새로운 책들을 진열해 두어도 도서관에 진심으로 관심이 있는 몇몇 사람을 빼고는 대부분 큰 차이를 느끼지 못한다. 더 슬픈 사실은, 서가 정리를 하루만 하지 않아도 누군가가 책을 구경하고 대충 꽂아놓고 가는 바람에 키가 들쭉날쭉해진 책들이 유독 눈에 들어오고, 청소를 이틀만 하지 않아도 서가 사이의 책 먼지와 아이들이 끌고 온 바깥 먼지가 뭉쳐져 바닥을 데굴데굴 굴러다니고, 모둠 책상 위에는 매일매일 길고 짧은 지우개 가루가 흩뿌려져 있고, 누군가가 부러뜨린 샤프심이 흰 책상에 길고 선명한 흔적을 남겨놓고, 닦은 지 분명 얼마 되지 않은 것 같은데 벌써 검은색 컴퓨터 모니터 위에 하얀 먼지가 소복이 쌓인다는 것. 엄마의 집안일과 꼭 닮은 도서관의 일. 그래도 도서관에서 일하면 돈은 주는데, '無보수, NO인정'인 집안일보다는 낫다고 해야 할까. 도서관 바닥을 쓸고 있는 내게 한 선생님이 말한다.

"선생님도 좀 티를 내줘야 해요. 얼마 전에 신간 도서 정리 마치고 도서관 간판 공사했죠? 도서관 행사 진행할 때만 봐도 그래요. 아무한테도 말 안 하고 혼자 조용히 사부작. 그리고 끝. 그러면 아무도 몰라요."

'귀하의 성과급 등급은 [B]등급입니다.'

3월 끝자락의 어느 날, 야근 중 도착한 문자메시지 한 통. 'B'라는 알파벳을 처음으로 본 순간이 아직도 기억난다. 익숙해지려 해도 도무지 익숙해지지 않는 알파벳. 그 알파벳 하나에 온몸의 힘이 쭉 빠지고 만사가 다 귀찮아지고 내가 이렇게 늦게까지 남아 일을 하는 게 무슨 소용인가 싶고 지난 1년 동안 아이들을 위해 노력했던 시간이 하등 부질없게 느껴진다. 곧바로 이어지는 절망과 자책의 시간. 우리 학교 정교사 중 하위 20% 중 한 명이 나라니. 믿을 수 없어. 내가 그 정도밖에 안 되나? 일말의 후회도 남지 않을 만큼 열심히 했는데……. 여기서 어떻게 뭘 더 해야 S, 아니 A라도 받을 수 있는 거지? 비교과의 '비'가 '非'(아닐 비)가 아니라 B등급의 'B'였던 건가…….

교사도 1년에 한 번 성과급을 받는다. 한 해 동안 얼마나 양질의 교육을 실천하고 이루어냈는가를 기준으로 성과급 등급을 S등급, A등급, B등급 세 가지로 나누는데, 매년 연말에 학교 내 다면평가위원회에서 교사들 한 명 한 명의 성과급을 결정한다. 혼란스러운 마음을 가득 안은 채 고민에 고민을 거듭한 끝에 다음 날 아침, 용기를 내서 교감선생님을 조심스레 찾아갔다.

"솔직히 다른 선생님들이랑 객관적으로 비교했을 때 일 안 하는 건 맞잖아."

예상을 빗나간 대답에 어안이 벙벙해졌다. 내가 방금 무슨 말을 들은 거지? 도서관에서 사서교사가 할 일이라곤 대출 반납과 책 정리 정도가 전부라고 생각하는 사람들이 많은데, 천만의 말씀이다. 간단해 보이는 '도서 구입'만 해도 절차가 복잡하다는 사실. 학생과 교직원을 대상으로 희망 도서 신청을 받고, 우리 학교 아이들에게 필요한 신간 도서를 고르고, 1년에 천오백만 원어치의 도서 목록을 작성하고, 학교 홈페이지에 일주일 이상 게시하고, 학교도서관운영위원회의 심의를 받고, 확정된 목록을 행정실에 전달하고, 업체가 선정되면 도서 납품과 관련한 사항들을 협의하고, 책이 도착하기까지 '쌤, 신간 도서 언제 와요?'라는 아이들의 독촉을 감내하고, 도서가

납품되면 도서 목록과 일치하는지 검수하고, 책배에 장서인 도장을 찍고, 신간 도서 서가에 있던 헌 책을 모두 옮기고, 이번에 온 신간을 주제 분야별로 배열하는 일이 '도서 구입'이다. (처음엔 나도 온라인 서점 장바구니에 책을 담고 결제 버튼만 누르면 다 될 줄 알았다…….) 이뿐이랴. 모든 책의 바코드를 찍어 도서관 장서 시스템과 하나하나 비교하는 장서 점검, 책이 청구기호 순으로 서가에 제대로 꽂혀 있는지 확인하는 서가 정배열은 도서관 일의 기본 중의 기본. 장서 폐기, 월별 도서관 행사, 독서 프로그램, 작가와의 만남, 북 큐레이션, 도서관 비품 구입, 도서부 관리, 여기에 정규 수업과 동아리 수업, 방과후 수업까지. 나의 업무 분장표에 적혀 있는 '도서관 운영' 다섯 글자에 숨어 있는 일들이다. 그런데도 내가 일을 안 한다니.

교감선생님은 내가 이 학교에 온 이후로 우리 학교 도서관이 어떻게 변해왔는지, 내가 한 해 동안 얼마나 많은 프로그램과 행사를 열었는지, 도서관에서 내가 자체적으로 어떤 수업을 진행해 왔는지 다 알고 계실 거라 생각했다. 지난 일 년 동안 백 건이 넘는 기안 문서를 모두 검토하신, 나의 결재권자이기 때문이니까. 아무래도 내가 착각했나 보다. 내가 어떤 표정을 짓고 어떤 말을 해야 할지 머리를 굴리는 사이 기름진 표정으로 나를 바라보던 교감선생님은 내 수업 시수가 적고 담임도 보직도 맡지 않았으니 등급이 낮을 수밖에 없다고 말씀하셨다. 그 말이 이해가 되면서도 한편으로는 이해가 되지 않았다. 최대한의 일을 하든 최소한의 일만 하든 사서교사는 일이 없어 보이니 B를 받는다는 뜻인가. 나는 작년에 사서교사로서 할 수 있는 모든 일에 최선을 다했는데. 무슨 업무를 맡았느냐도 중요하지만, 그 업무를 얼마나 성실히 수행했는가 또한 평가되어야 하는 게 맞지 않을까.

생각하면 생각할수록 사서교사의 교육 활동은 제대로 된 교육으로 인정해 주지 않는 것 같은 기분이 들었다. 학교에서 교사가 아이들을 대상으로 행하는 모든 활동이 교육임에도. 도서관이 가장 북적이는 점심시간, 사서교사는 도서관에 오는 모든 아이들을 반갑게 맞이하고, 취향에 맞는 책을 추천해 주다 아이들을 지도해야 할 일이 생기면 지도를 하고, 또다시 이런저런 이야기를 들어주다 아이가 가진 고민에 대해 상담을 한다. 새로운 도서관 프로그램을 기획하고 잠시 뒤 있을 방과 후 수업을 준비하고 남은 도서관 업무를 하나둘 바삐 쳐낸다. 쉴 새가 없다. 점심시간에만 반짝 일하고 나머지 시간에는 노는 게 아니다. 그런데 성과급 평가지표에는 그런 사정을 알아주는, 사서교사의 고유 업무가 지닌 특성을 인정해 주는 항목이 하나도 없다. 올해는 1학년 독서 수업을 맡았는데, 교감선생님은 그럼에도 내 수업시수가 다른 교사들보다 적어 올해에도 좋은 성과급을 받을 수 있을지 모르겠다고 말씀하셨다. 도서관 업무는 솔직히 할 게 없다는 이야기를 곁들이면서.

매년 이럴 거냐는 교감선생님의 마지막 한 마디가 잠자리에 들 때까지 머릿속을 둥둥 떠다녔다. 캄캄한 방 안, 구겨진 이불. 휴대폰을 들어 사진첩 앱을 켜고 작년에 학교에서 찍은 사진들을 천천히 내려보았다. 서점에서 자신이 출판한 책에 사인을 하는 데 열중하고 있는 책쓰기 동아리 아이들, 시원한 음료수를 들이켜며 자신의 생각을 자유롭게 말하는 독서토론부 아이들, 문해력 수업 마지막 날 연 쫑파티 시간에 간식을 맛있게 먹는 아이들. 한 명, 한 명, 아이들의 얼굴을 보고 있으니 답답한 마음이 조금 풀렸다. 해맑은 웃음을 지으며 저마다 즐거워하는 모습. 그래, 내가 저 얼굴을 보려고 이 일을 하고 있는 거지. 내가 만족하고, 아이들이 좋아하고, 나와 아이들이 함께한 순간이 우리 서로에게 조금이나마 의미 있는 추억이 되었다면, 그걸로 된 거지. 교사로 살고 있는 이유가 성과급을 잘 받기 위해서는 아니니까. 말로 설명하기 복잡한 이 감정도 며칠 지나면 분명 누그러져 있겠지. 교감선생님께도 그렇게 할 수밖에 없었던 이유가 분명 있으셨겠지. 기분만 상하는 쓸데없는 알파벳 하나에 연연해하지 말자고 스스로를 다독이며, 사진 몇 장을 더 들여다보다 자세를 고쳐 눕고 애써 눈을 감았다.

구역질 나는 아이스 초콜릿 라떼

 평소 같으면 절대 시키지 않았을 아이스 초콜릿 라떼를 주문했다. 바질페스토 베이글은 생각보다 짜고 달았지만 멈추면 큰일이라도 날 것처럼 계속해서 입으로 가져다 댔다. 오랜만에 느끼는 자극적인 맛에 배는 금세 아파왔고 무언가가 겹겹이 쌓여 내 몸을 누르는 것처럼 속이 불편해졌다. 빵조각을 입안에서 오물거리며 마지막 한 모금을 억지로 들이켜다 초콜릿과 물이 섞인 비릿함에 결국 웩, 구역질을 했다. 퇴근 후에 종종 들러 여유를 부리곤 했던 카페였다. 따뜻한 아메리카노를 천천히 음미하며 하루를 정돈하고 싶었는데, 애써 기분을 띄워 보려 발악한 게 오히려 독이 됐다. 그냥 곧장 집으로 가서 이불 속에 몸을 누일걸 그랬다.

 학생에게 반말을 들은 선생님의 기분이란. 머릿속 어딘가에 평온히 켜져 있던 전깃불이 한순간에 갑자기 탁-

끊어지는 느낌. 다른 선생님들한테도 그러는지 나한테만 유독 그러는지 모르겠지만 예전부터 내 신경을 긁곤 했던 아이였다. 표정 관리를 해야 했지만 처참히 실패했다. 두 눈과 입술이 격하게 흔들렸다. 교사가 되고 나서 처음으로 학생을 향해 언성을 높였다. 내가 그간 한 번도 화를 낸 적이 없던 터라 그 아이는 분위기 파악조차 하지 못하다 이내 자세를 고쳐 잡았다. 학생의 반말은 TV 속 드라마에서나 보던 불량 학생의 클리셰 정도로만 생각했는데 실제로 맞닥뜨리니 어떻게 대처해야 하는지 감도 잡히지 않았다. 이미 상황은 벌어졌고, 잘게 부서진 멘탈을 부여잡고 어떻게든 학생을 지도해야 했다. 말도 안 되는 변명을 늘어놓는 아이를 몰아세우며 계속해서 되받아쳤다. 말 한마디 한마디를 꺼내는 게 고역이었다. 아무 말도 하고 싶지 않았고 아무 생각도 나지 않았지만 어떻게든 정신을 끝까지 차려야 했다. 그 아이에게 뭐라고 말했는지 하나도 기억나지 않는다. 언성을 높인 정도였다고 생각했지만, 실제로는 낮은 목소리로 차분히 타일렀을 수도, 내 생각보다 더 크게 고함을 질렀을 수도 있다.

나는 이런 상황에 익숙하지 않다. 지금까지 살아오면서 사람들과의 좋은 관계, 적어도 '불편하지 않은' 관계를 중요시해 왔다. 다른 누군가와 싸우는 일은 거의 없었고, 나 때문에 좋은 분위기가 망가지는 일이 없도록 사람들 속에서 말 한마디를 할 때도 조심하고 또 조심했다. 이러한 관계가 지속될 수 있었던 이유는 아마 나도 상대방도 서로의 눈을 맞춰주었기 때문일 거다. 하지만 어떤 관계는 일방향적이다. 내가 웃는 얼굴로 남을 생각해 주면 그런 나를 만만하게 보는 사람들이 있다. 무엇보다 화를 내고 싶지 않은데도, 게다가 훈육을 해야 하는 교사라는 위치에 있다면 가볍지도 무겁지도 않은 적절한 분위기를 만들어 구구절절 지도를 해야만 한다. 그 자체가 나에게는 부담이자 스트레스였다. 투명 인간 취급하고 무시해버리면 나야 편하지만, 그럴 수도 없는 노릇이다. 나는 교사니까. 웃는 얼굴로 다정한 말만 해주며 잔잔하게 흘러가고 싶은데, 다 내 욕심이겠지.

오늘 나에게 반말을 한 이유가 대학을 갓 졸업한 내가 다른 선생님들보다 어려서인지, 싫은 소리 안 하고 매일같이 웃어줘서인지, 비교과로 분류되는 사서교사라서인지 궁금하기보다도 학생의 말 한마디에 이렇게 쉽게 무너져 버리는 내가 과연 앞으로 계속 교사로 살아갈 수 있을지에 대한 의문이 들었다. 교사는 예민해야 한다고 했다. 학생들이 마음을 먼저 말하지 않아도 그날의 눈빛과 표정만 봐도 오늘은 뭔가 다르다는 걸 파악할 수 있는 섬세한 눈이 필요하다고 했다. 그런데 이쯤 되니 오히려 무뎌야 하는 게 아닌가 싶다. 벌점 1점을 주면서도 되려 그 아이에게 미안해하는 내가 이런 상황과 감정에 언젠가 적응이나 할 수 있을까. 관계가 틀어질 각오를 하고 누군가를 나무라면서 그렇게 살아갈 수 있을까.

결국 그 아이는 죄송하다는 말과 함께 고개를 숙였다. 가끔 아이들 때문에 속이 문드러지는 일이 있을 때마다 스스로에게 주문처럼 걸어왔던 한 마디, '아직 학생이니까'. 교무실 자리에 털썩 앉아 눈을 감고 주문을 몇 번이고 되뇌어 보았으나 오늘은 도통 먹히지를 않았다.

노을을 보낼 준비

피었다 지는 시간은 찰나의 순간

마지막이라는 걸 직감한 듯

가장 강렬한 빛을 급히 토해낸다

우와 예쁘다

하늘 따라 발개진 얼굴로

사람들이 말한다

매시간이 노을빛이었더라면 어땠을까

아쉽지도 특별하지도 않았을지 몰라

무언가 숨을 조여온다

순식간에 맥이 풀린다

명치에 남은 검붉은 피가 쏟아진다

세상을 뛰게 만든 심장박동이 멈춘다

옅은 빛만이 남았다

어둠을 맞이할 준비를 한다

그림자 속에 남겨진 모든 것들을

이제는 받아들여야 한다

저녁도 먹지 못한 채로

아무도 없는 계단을 내려가고

교문을 나서며

택시를 잡으며

다시 여기 들어오기까지

남은 시간을 생각하며

어린 왕자

임용고시 1교시 과목은 교육학이다. 9시에 시험이 시작되니 그 흐름에 신체 컨디션을 맞추기 위해 교육학은 항상 아침에 공부했었다. 기상 후 2시간은 지나야 뇌가 활발하게 움직이기 시작한다는, 어디에선가 주워들은 말을 외면할 수 없어 매번 눈도 제대로 뜨지 못한 채로 인터넷 강의를 듣곤 했는데, 유독 교육 심리 파트를 공부할 때면 졸린 와중에도 똘망똘망 홀로 생각에 잠길 때가 많았다.

아동과 청소년의 발달 단계에 대해 공부하고 있던 날, 그중에서도 가장 마지막 단계인 청소년기의 대표적인 특징 한 가지가 눈에 띄었다. '상상적 관중.' 다른 사람들이 자신을 항상 바라보고 있다고 느끼는 의식적 특성, 즉 자의식 과잉이라는 말이었다. 엥? 뭔가 이상했다. 딱 나였다. 그럼 난 뭐지? 나의 정신 발달 상태가 혼란스러워지기 시작한 와중에, 성인이 되어서도 이 특성이 지속되면 위험할 수도 있다는 말을 끝으로 휴대폰 화면 속 강사는 순식간에 다음 장을 넘어갔다. 난데없는 의구심에 콧구멍이 커졌다 작아지기를 반복했다. 일시 정지 버튼을 뒤늦게 누르고 손톱을 툭툭 물어뜯었다.

사람이라면 사람들에게 사랑받고 싶은 게 당연하다 생각했다. 실제로 모든 사람에게 사랑받을 수 없다는 사실을 알고 있지만, 사랑받고 싶은 마음은 그것과는 별개니까. 누군가가 나의 이름을 불러주고 나의 존재를 잊지 않기를 바라는 마음. 그 마음을 간직하며 살아가는 건 10대 때에만 누릴 수 있는 특권은 아니지 않나. '내 삶의 주인공은 나'라는 말을 사람들은 예전부터 수도 없이 외쳐왔다. 그러니 나 자신을 무대 위 슈퍼스타라고 생각하는 것 정도는 괜찮지 않나. 나를 좋은 사람으로, 멋진 인간으로 생각해 주었으면, 하는 바람. 나 자신을 단단히 다지고 남들을 먼저 생각하려 애쓰는 시간. 오히려 좋은 것 아닐까. 나 같은 성인도 있는데, 심리학자 피아제가 발달 단계를 잘못 세운 게 아닐까.

아님, 내가 그냥 덜 큰 건가.

다음 장을 넘기며,

어쩌면 그럴지도 모르겠다고 생각했다.

나는 아무것도 아니었나 봐

평소 공부를 열심히 하는 중학교 3학년 아이가 방과 후에 나를 찾아왔다. 아무리 해도 성적이 안 올라서 고민이라고 했다. 안쓰러웠다. 그 심정을 누구보다 잘 알고 있었다. 노력해도 안 될 때. 그리고 노력해도 안 될 때를 받아들여야 할 때.

대개 아이들은 자기 자신에게는 나쁜 일보다 좋은 일이 생길 거라 믿는다. 재능은 충분히 있으니 노력만 하면 된다고 생각한다. 어떻게든 되겠지, 하고 자신만만해하기도 한다. 나도 그랬다. 노력만 하면 무엇이든 이뤄낼 수 있을 줄 알았던 때가 있었다.

중학생 때, 나름대로 공부를 잘하는 편이었다. 잘한 이유는 오로지 '열심히' 했기 때문이라고 자신한다. 머리가 좋은 것도 아니었고 그저 남들보다 많이 보고 꼼꼼히 본 게 전부였다. 주변에서 공부중독이라는 우스갯소리를 할 정도였다. 다른 친구들은 신경 쓰지 않는 도덕, 기술·가정, 한문, 미술, 음악까지 열심히 해서 시험 100점을 맞았다. 3년 내내 전교권이었다. 고등학교 입학 원서를 쓸 시즌이 되었을 무렵, 담임선생님은 나에게 과고 진학을 권하셨다. 0.1초 정도 고민했나. 픽 웃으며 일반고에 가겠다고 말씀드렸다. 나에게 특목고는 아무런 의미가 없었다. 누가 의대를 공짜로 보내준다고 해도 필요 없었다. 그만큼 내가 그린 미래는 명확했다. 내 꿈은 단 하나, 바로 국.어.교.사.였기 때문이다. 두둑한 장학금을 받고 선생님들의 열렬한 응원 속에서 중학교를 졸업했다.

내가 간 고등학교는 그 지역에서 가장 공부를 잘하기로 소문난 남고였다. 비평준화 지역이었기 때문에 중학교 때 공부 좀 했다 하는 남학생들은 다 우리 학교로 왔다. 남중을 나왔으니 남고 적응도 쉬울 줄 알았지만 그렇지 않았다. 지금도 모교 이름만 들으면 기분이 착- 가라앉는 이유는, 고등학교 1학년 때 내가 뾰족한 손톱으로 등의 살갗을 벅벅 긁는 바람에 생긴 흉터들이 아직 그대로 군데군데 남아 있기 때문이다. 그 누구에게도 뒤를 보여주지 않았으니 그 당시 내가 어떤 상태였는지 어른들이 모르는 건 어찌 보면 당연한 일이었다.

초반에는 괜찮았다. 아무래도 첫 중간고사에서 그리 나쁜 성적을 받지 않았기 때문에 모두 나를 만만하게 보지 않았을 거다. 특히 3.2점짜리 문제 하나밖에 틀리지 않았던 국어에서는 반 1등을 차지했다. 수업 시간이 되면 자신 있게 발표를 했고, 친구들은 옆에서 나를 띄워줬다. 어딜 가든 국어교사가 꿈이라고 떠들어댔고, 선생님들은 나를 보며 흐뭇한 얼굴로 고개를 끄덕이셨다. 이 생활이 너무 만족스러웠다. 그래서 더 열심히 했다. 중간고사 때보다 더 열심히, 정말 열심히 했다.

그렇게 1학기 기말고사 날이 왔다. 모든 시험이 전반적으로 어려웠다. 나흘 동안 시험을 치는 내내 정신 차릴 틈도 없이 몰아치는 낮은 점수에 당황했다. 다른 친구들도 어려웠을 거야, 하는 마음으로 버텼다. 다른 과목은 몰라도 국어는 많이 틀려봤자 한두 개 틀렸겠지, 싶었다. 그런데 결과는 처참했다.

성적은 나만 낮았다. 시험은 전혀 어렵게 출제되지

않았다. 심지어 국어는 100점을 맞은 친구도 있었다. 칠판 옆 학급 게시판에 서른다섯 명의 점수가 어지럽게 붙었다. 점수표를 보고 자신의 점수에 아무 이상이 없다는 확인을 했다는 의미로 자신의 이름 옆에 서명을 해야 했다. (지금은 있을 수 없는 일이지만 그땐 그랬다.) 내 점수를 믿을 수가 없었다. 영어도 수학도 과학도. 더욱이 국어는 말할 것도 없었다. 열심히 했는데, 대체 왜? 그 이후로는 게시판에 성적표가 붙으면 곧장 화장실로 도망쳤다. 쉬는 시간 10분 동안 변기에 가만히 앉아 있다가 수업종이 치면 교실로 돌아가곤 했다. 엄마는 원숭이도 나무에서 떨어질 때가 있다고 했다. 다음에 더 열심히 해보자고, 그렇게 나를 다독일 수밖에 없었다.

물론 원숭이도 한 번 정도는 실수라는 명목 아래 삐끗할 수 있다. 근데 세 번 연속으로 삐끗한다면? 그걸 과연 원숭이라 부를 수 있을까. 2학기가 되고 나서도 계속해서 성적이 부진했다. 이유는 여전히 알 수가 없었다. 국어도 국어였지만 인문계에서 너무나도 중요한 과목인 영어가 특히 심각했다. 중위권도 아닌 하위권이었다. 그래서 영어 시간이 되면 다른 반에 가서 수준별 수업을 들어야 했다. 언젠가 한 번 화장실을 간다고 복도에 나왔다가 상위반 교실을 창문 너머로 본 적이 있었다. 상위반 담당 선생님은 활짝 웃으며 수업을 하셨다. 친구들의 웃음소리가 복도에 울려 퍼졌다. 하위반 수업에서는 한 번도 보지 못한 풍경이었다. 저 열심히 듣고 있으니 관심 좀 주세요! 하는 눈빛으로 선생님을 바라봐도 건조한 톤으로 영어 본문을 읽으실 뿐이었다. 선생님은 상위반에서 수업 듣고 싶으면 '노력을' '열심히' 해서 성적을 잘 받으라고 했다. 그건 내가 이미 오래전부터 하고 있던 거였다. 그 말 한마디에 의지가 샘솟기는커녕 더 떨어졌다. 헤어 나오고 싶었지만 번번이 실패했다. 선생님들은 공부를 잘하는 친구들에게만 눈길을 돌렸다. 그 눈길을 받는 존재에 더 이상 나는 포함되지 않았다. 영어 수업이 죽도록 싫었다. 친구들은 내 1학기 중간고사 성적이 뽀록이었다고 수군댔고, 나에게 국어 문제를 물어보는 친한 친구더러 왜 걔한테 물어보냐고 낄낄대며 비아냥거렸다. 백일장에서 탄 상을 교실 앞에서 받을 때는 축하 대신 또 쟤가 받냐고 빈정대는 식의 야유를 받았다. 상장을 읽어도 시큰둥하게 가만히 있는 친구들에게 담임선생님이 뭐라고 한마디를 해야 대강 박수를 쳐주는 식이었다. 부끄러운 상장을 가방에 급히 넣으며 생각했다.

 사실 나는 아무것도 아니었나 보다.

인복

"그렇게 해서 선생님 될 수나 있겠냐?"

　겨울 아침 자습 시간, 내 옆자리 짝이 나에게 한 말이었다. 멍청하게도 그때 아무 말도 하지 못했다. 국어 성적이 낮은데 국어교사를 하고 싶다는 생각 자체가 어불성설이라는 걸 나도 수긍했던 거다. 내 주위를 둘러싼 무리가 나를 쳐다보며 키득거렸다. 그런 그들에게, 두고 봐! 내가 무조건 선생님 된다! 라고 의기양양하게 대처하든가, 응~ 아니야~ 하고 별일 아니라는 듯이 넘기든가, 그러는 너는 얼마나 잘하길래? 꿈도 없으면서! 하고 맞받아치든가 하는 많은 선택지가 있었지만, 그렇게 큰 소리를 내기엔 그때의 나는 너무나도 여렸다.

　모범생들만 모여 있(으니 학생들 사이에서 별일 없을 것이라고 대부분의 사람들이 생각하)는 공부 1등 고등학교에서도 그

'별일'이 일어난다. 힘의 차이에서 오는 기울어진 분위기. 그 속에서 이리저리 치이곤 했던 내가 주변에서 종종 들었던 말은 '네가 어떻게 행동했길래'였다. 나는 나름대로 피해자였는데. 기이하게도 사람들은 언제나 피해자에게 조심할 것을 강요하고, 처신을 잘하지 못했다고 꾸짖는다. 잘못한 건 가해자인데 쌍방 과실이라고 말한다. 웃기는 세상이다.

홀로 비틀거리며 끙끙 앓다 도저히 견딜 수 없는 지경에 이르렀을 때, 담임선생님께 손을 내밀었다. 뉘엿뉘엿 지는 해를 바라보며 운동장 한편에 앉아 고민을 힘없이 뱉어냈다. 담임선생님은 가만히 내 말을 들으며 어깨를 두들겨 주셨다. 그리고 그 뒤로 옆자리 짝은 더 이상 나에게 어떤 말도 하지 않았다. 사실 어른들 눈에는 그리 심각한 사안이 아니었을 게 분명했다. 뭇 학생들에게 일어나는 지극히 평범하고 사소한 일로 판단하고 그냥 장난으로 받아줘라, 원진이 네가 좀 예민하다, 그러고 넘어갔을 수도 있었을 텐데. 만약 그랬으면 스물여섯을 먹은 지금까지 스승의 날마다 담임선생님께 연락하는 일은 없었겠지만. 어린 제자의 말을 한낱 가벼운 것으로 여기지 않은 선생님께 그저 감사할 뿐이다.

고1 담임선생님은 열.정.신.규. 체육 선생님이셨다. 그때 당시 선생님의 초롱초롱한 눈빛을 아직도 잊을 수가 없다. 힘든 시절을 보냈던 내가 학교에서 유일하게 지지할 수 있는 믿음직한 눈빛이었다. 언젠가 엄마는 내게 인복이 참 많다고 했다. 담임선생님을 보면 그런 것 같기도 했다. 고리타분한 잣대로 나를 판단하던 여느 사람들과는 달랐다. 덕분에 힘을 잃지 않고, 2, 3학년 때는 힘겨운 와중에도 좋은 친구들과 함께 즐겁게 지낼 수 있는 마음의 여유를 갖게 되었다. 그러니까, 선생님의 눈이 나를 살린 셈이다.

단 한 사람이라도 나를 특별한 존재로 생각해 준다면, 나의 가능성을 믿어준다면 비로소 살아갈 힘이 생긴다. 어른이 되어서도 누군가에게 보살핌받고 싶다는 생각이 이렇게나 많이 들 줄은 몰랐다. 예기치 못한 상황에 저 밑으로 쭉 미끄러지는 나를 아무나 잡아줬으면 좋겠다. 정면으로 서로를 마주 본 상태로 누군가의 품에 퍼즐처럼 꼬옥 안기고 싶다. 아무런 조건 없이 나의 존재를 오롯이 지지받고 싶다. 이런 내가 타인을 살필 수 있을까. 아직 확신이 서지는 않지만 그래도, 이젠 그런 역할을 하는 그 '누군가'가 되어 살아야 한다. 내가 사랑하는 사람들에게 손을 먼저 내밀어주고 눈에 맺힌 눈물을 닦아주는 존재로 남기로 한다. 담임선생님을 만난 어린 시절의 내가 그랬듯 나를 만난 사람들도 나로 인해 자신을 스스로 인복이 많은 사람이라고 생각할 수 있었으면 좋겠다. 보이지 않는 곳에서 당신을 지지하고 있는 사람들이 생각보다 정말 많이 있다는 걸 꼭 알았으면 좋겠다. 그러려면 내일도 모레도 나의 사람들에게 진심을 담아 무수히 말해주어야지. 나는 너를 언제나 응원해.

금상 필체

열여덟, 여느 때보다 쌀쌀했던 가을을 마지막으로 나는 절필했다.

"아들, 그냥 우리 아들 생각만 쓰고 오면 돼."

엄마와 실랑이를 벌인 지 30분째. 안 나가면 안 되냐고, 꼭 나가야 하는 것도 아니지 않냐고 따지듯 물었지만 열두 살밖에 되지 않은 꼬마가 엄마의 말주변을 막기에는 역부족이었다. 엄마는 좋은 경험이 될 거라고, 한번 도전해 보자고 했다. 제시되는 단어를 보고 생각나는 것을 그저 원고지에 적고 오기만 하면 된다고 별것 아니라는 듯 이야기했다. 지금까지 교내글짓기 대회에 몇 번씩 냈던 글처럼 말이다. 그래도 이런 방식의 글짓기 대회는 처음이었다. 제한된 시간 안에 온전히 나 혼자만의 생각으로 빈 종이를 채워나가야 한다니, 띵- 머리가 어지러웠다. 그렇지만 나는 결국 입을 삐죽이며 알겠다고,

말끝을 흐렸다.

'○○백일장 초등부 대기실'

그날따라 유독 무더웠던 날씨 탓인지, 아침부터 바쁘게 움직였던 탓인지 이마에서 식은땀이 계속해서 흘렀다. 배가 아픈 것 같기도 했다. 아무래도 아까부터 저 앞에 마이크를 들고 서 있는 진행자 때문일 것이라 판단했다. 자신이 앉은 책상 위에 아무것도 있어서는 안 된다고 연신 당부하는가 하면, 부정행위니, 무효 처리니 하는 단어들만 계속해서 내뱉고 있으니 속이 울렁거리지 않고 배기는가.

엄마가 보고 싶다는 생각이 든 찰나, 내 앞에 원고지가 놓였다. 가방 앞주머니에 엄마가 넣어준 물병을 꺼내 다급하게 뚜껑을 땄다. 벌컥벌컥, 입가의 물기를 닦을 틈도 없이 글제가 발표되었고 멈춰 있던 시계의 숫자가 움직이기 시작했다. 글제가 적힌 종이를 한참 동안 멍한 표정으로 쳐다보았다. 물병 겉면에 맺힌 무수한 물방울들이 울퉁불퉁한 표면에 하나씩 맺히기 시작했다. 그 작은 물방울들이 하나둘씩 모여 아래로 흐를수록 크기는 점점 커지더니 순식간에 바닥으로 쿵- 하고 떨어졌다. 쿵,

쿵, 떨어진 물방울들이 물병 테두리를 따라 한곳으로 모이기도 전에 원고지를 덮고 짐을 챙겨 도망치듯 그곳을 빠져나왔다. 며칠 뒤 발표된 대회 입상자 명단에 내 이름은 없었다.

엄마 말처럼 좋은 경험으로 남았던 것인지 다음에는 상을 받아 오고 말리라는 오기가 생겨서인지는 몰라도 그다음에도, 이듬해에도, 중학교에 입학하고 난 뒤에도 백일장에 지원했다. 출전한 대회 중 그 어떤 대회에서도 상을 받지 못했지만, 계속해서 글을 썼다.

"잘 쓴 건지는 모르겠어, 엄마."

이번에는 지금까지 내가 써왔던 글과 완전히 다른 분위기로 글을 써보긴 했다는 말을 덧붙이며 엄마와의 통화를 짧게 마쳤다. 첫 백일장을 나간 이후로 3년이라는 시간이 흐른 뒤였다. 발표된 글제가 '시장'인 것을 보고 적잖이 당황했다. 평소 시장에 자주 가는 편이 아니었으니 그럴 수밖에 없었다. 시장에 대해 아무리 생각해 봐도 TV에서 보았던 전통시장의 몇 가지 장면들만이 떠오를 뿐이었다. 어쩔 수 없이 나의 머릿속 상상이 만들어

낸, 시장 사람들의 따뜻한 (실은 다소 작위적인) 정(情)을 그렸다. 이왕이면 활기찬 느낌이 좋지 않을까 해서 글 전체에 긍정적인 분위기를 풍기게 했고, 시장에 가는 설레는 마음을 표현하기 위해 한 번도 써보지 않은 경어체를 썼다. 지금까지 써 왔던 글 스타일, 나에게 있었던 일들과 내 생각을 툭툭 내뱉는 듯한 글과는 다른 점이 많았다. 재미있게도, 결과는 금상이었다.

이후에도 계속해서 '금상 필체'를 유지했다. 글의 내용이 어떤 것이든 상관없었다. 그렇게 쓰지 않으면 상을 받지 못할 것만 같았다. 그리고 그 '금상 필체'로 매번 나가는 대회마다 상을 받았다.

시간은 흐르고 흘러 어느덧 고등학교 2학년이 되던 해. 평소보다는 차가운 가을바람이 불어오던 날. 아무 생각 없이 글을 써 내려가다, 앗- 높임말을 쓰지 않았다는 사실을 알고 흠칫 놀랐다. 또박또박 힘주어 눌러쓴 글 위에 두 줄을 죽죽 그었다. 갑자기 세진 듯한 히터 바람 때문에 숨이 막혔다. 원고지를 새로 받아 처음부터 다시 썼다. 그러나 쓰면 쓸수록 원고지의 글씨가 왠지 내 것이 아닌 것 같았다. 몹시 마음에 들지 않았다. 제한 시간이 얼마 남지 않았을 무렵, 쓴 글을 다시 읽어보았다. 전체적으로 어두운 분위기가 감돌자, 자동으로 미간이 찌푸려졌다. 얼마 남지 않은 원고지에 마지막 문장을 애써 밝게 꾸역꾸역 집어넣어 마무리했다. 수정에 수정을 거쳐 나는 고등부에서 가장 늦게 대회를 마치고 나왔다.

문을 닫고 복도로 나오니 서늘한 바람이 내 몸을 휘감았다. 나의 글은 완벽했지만, 하나도 완벽하지 않았다. 문득 지금까지 써왔던 모든 글이 그런 것만 같았다. 학교로 돌아가는 길에 느껴진 추위는 아침보다 더 시렸다. 밤늦게까지 야자를 했지만 아무런 글자도 눈에 들어오지 않았다. 얼마 뒤 그 글로 교육감상을 받고, 더 이상 글을 쓰지 않았다. 쓸 수 없었고, 쓰기 싫었다.

"소등!"

훈련소 첫날밤은 8월의 무더운 여름밤이었다. 내무반의 불이 꺼진 뒤, 얇은 포단을 조용히 눈 위로 가져갔다. 나도 모르게 눈물이 주륵주륵, 쉴 새 없이 흘렀지만 애써 닦지 않았다. 그 와중에도 혹여나 양옆의 사람들에게 나의 떨림이 전해질까 봐 소리를 내지 않으려 안간힘을 썼다.

한 시간이 지났을 때였나. 손목시계 왼편에 있는 얇은 버튼을 누르니 시계 LCD 판에서 희미한 빛이 새어 나왔다. 지속시간은 5초 정도로 무척 짧았다. 보일 듯 말 듯한 빛줄기에 의존하며 호주머니를 뒤적여 엄마가 챙겨준 수첩을 꺼냈다. 수첩 첫 장에는 짧은 편지가 적혀 있었다. 아무도 없는 집, 홀로 식탁에 앉아 금방이라도 나올 것 같은 눈물을 꾹 참아보지만, 그럼에도 어쩔 수 없이 흐르는 눈물을 훔치며 한 자, 한 자, 글씨를 써 내려갔을지도 모를 엄마의 모습이 그려졌다. 시계 버튼을 몇 번이고 누르고 또 누르며 엄마의 글씨를 한 자, 한 자, 소중히 눈에 담았다. 수첩 위로 엄마의 얼굴이 자꾸만 보이는 것 같아 엄마처럼 어쩔 수 없이 또 눈물을 쏟았다.

창밖을 보자 달이 유난히 밝아 보였다. 밤하늘의 무수한 별들은 마치 내게로 하늘하늘 내려오는 것만 같았다. 칠흑 같은 어둠뿐이라 생각했지만, 그곳에도 빛은 있었다. 엄마는 뭘 하고 있을까. 혹시 울고 있을까. 아빠가 잘 달래주고 있지 않을까. 아마 아빠는 울지 않았을 거야. 우리 동생, 그놈은 형 없다고 좋아하려나. 많은 생각이 머릿속을 가득 채웠고, 가슴은 터질 듯 북받쳐 올랐다.

눈가에 고인 눈물 한 방울을 마저 닦고 수첩 한 장을 넘겼다. 그리곤 볼펜을 달칵였다. 캄캄한 허공에 글자를 천천히 한 자, 한 자, 써 내려가기 시작했다. 이번에는 여러 번의 고심 끝에 힘겹게 문장을 만들어내지 않았다. 일부러 밝은 모습을 보여주려 애쓰지도 않았다. 썼다 고치는 일은 더더욱 없었다. 어둠 속에서 쓴 글씨는 형체를 알아볼 수 없을 만큼 괴상했지만, 그 어느 때보다도 자유로워 보였다. 그제서야 밖에서 귀뚜라미 울음소리가 들려오기 시작했다. 내 눈물이 그친 것은 아마 그때였을 것이다.

여태 내가 쓴 것은 글이 아니라 가면이었다. 글을 쓰던 예전에는 인정하지 못했다. 나에게 무수한 영광을 안겨준 금상 필체가 나의 거짓된 가면, 페르소나였다는 것을. 심사위원들의 입맛에 맞게, 내가 원하는 대학의 입학전형에 맞게 각기 다른 페르소나를 바꿔 쓰고 끝내 거짓으로 마침표를 찍어 버리곤 했다. 그 시절의 글을 갈기갈기 찢어버리는 동시에, 또 그럴 수밖에 없었던 어린 시절의 나를 격렬히 이해한다. 지금의 나도 별반 다르지 않다. 밖에 나갈 때는 렌즈를 끼고 옷을 차려 입는 반면, 집에 돌아와서는 후줄근한 수면바지로 갈아입고 안경을 쓴다. 밖에서는 만들어진 나로, 안에서는 꾸밈없는 나로 살아간다. 지금 이 둘의 위치가 바뀌는 걸 상상조차 하기 싫은 것처럼, 고등학생 때의 나도 그랬던 거다. 내가 쓰고 싶은 대로 쓴 글이, 그 어떤 가식도 없는 나의 이야기가, 가면을 쓰지 않은 나의 진짜 모습이 남들에게 외면당할까 봐 두려웠던 거다.

글이 가진 최고의 힘은, 읽고 쓰는 사람의 마음을 위로해주는 것이라 믿는다. 이제는 '진짜' 나의 글을 쓰려 한다. 그것이 행여나 이해할 수 있는 사람이 있을까 싶은 개발새발로 쓴 글이라 할지라도 마음 저 깊숙한 곳에서 우러나오는 진심을 무심히 말하고 싶다. 그러다 보면, 나만의 장르를 만들어낼 수도 있지 않을까. 지금까지 써 왔던 가면을 한 겹 두 겹 벗겨내고 나의 맨얼굴을 드러낼 용기가 생긴다면, 내가 쓴 글에서도, 몸을 담고 있는 어떤 일에서도, 행여 어디를 가더라도 내 주변의 모든 사람들이 거짓된 금빛이 아닌 진솔한 노란빛을 느낄 수도 있지 않을까. 그 빛과 향기를 사랑해 주는 사람들이 조금씩

다가와 줄 수도 있지 않을까.

    아이들이 떠나간, 늦은 오후의 학교. 교무실에 앉아 창밖의 하늘을 올려다본다. 비가 왔던 아침과는 달리 새파랗다. 먹구름이 조금 꼈지만 나쁘지는 않다. 숨어있던 햇살이 서서히 운동장을 비춘다. 살짝 습기를 머금고 불어오는 바람에서 여름 냄새를 느낀다. 지금껏 스스로 거짓이라 여겨온, 학창 시절의 글도 어쩌면 나름의 빛깔을 가지고 있었을지 몰라. 그게 어떤 색이었는지는 알 수 없지만 지금 쓰고 있는 이 글에도 그 빛깔이 분명 스며들어 있을 테지. 그렇게 생각해 보면, 그리 헛된 짓은 아니었어. 나의 색깔을 알아가는 과정이었어.

슬퍼서 운 적은 많다만

 기뻐서 운 적은 살면서 딱 두 번 있다. 첫 번째는 열아홉 살의 고등학교 3학년, 대학 첫 1차 합격 통지를 받던 날. 두 번째는 졸업을 앞둔 대학교 4학년, 임용고시 1차 합격 통지를 받던 날. 둘 중 첫 울음이 더 기억에 남는 이유는, 학창 시절의 내가 대학 시절의 나보다 더 아팠고 더 간절했기 때문이었을까. 3학년 2학기가 시작되자마자 수시 합격 발표를 초조하게 기다려야 했다. 수능 전까지 총 여섯 번의 발표가 있을 예정이었다. 기대와는 달리, 내가 지원한 대학 네 곳에서 연속으로 내리 떨어졌다. 9월에 두 번, 10월에 두 번. 수험생에게 너무나도 중요한 두 달 동안 벌어진 일이었다. 결과에 의연한 사람이라고 생각했는데, 사실 그건 나 스스로에게 걸어온 최면에 불과했다. 그나마 나를 지탱하고 있던 긍정이 한 꺼풀 한 꺼풀 벗겨질 때마다 얼굴에 우울이 드리우곤 했다. 매일 밤을 눈물로 위태롭게 보냈다. 사범대 못 가면 어떡

하지. 겁이 났다.

    수능이 이십일도 채 남지 않은, 11월의 어느 날 저녁, 급식을 먹고 자리에 앉아 흐린 눈동자로 문제집 위의 글자를 힘없이 좇던 중이었다. 그러다 복도에서 ○○대학교의 1차 합격 발표가 오늘로 당겨졌다는 누군가의 목소리가 내 귀에 꽂혔다. 그 대학은 내가 꼭 가고 싶었던 대학 세 손가락 안에 드는 학교였다. 자기는 떨어졌다며 아쉬워하는 걸 보니 지금 대학 홈페이지에 들어가면 합격 여부를 확인할 수 있는 모양이었다. 갑자기 심장이 미친 듯이 쿵쾅거렸다. 교실 안을 두리번거렸다. 전혀 어색해 보이지 않으면서도 친구들의 관심을 피해 혼자 있을 수 있는 곳이 필요했다. 그래서 찾은 곳이 창문 커튼 뒤였다. 차라리 화장실에 가지 싶을 수도 있겠지만, 화장실까지 가기에는 후들거리는 내 두 다리를 주체할 자신이 없었는지도 모르겠다. 하여간 어지간히 급하긴 급했나 보다.

    창문을 열고 커튼을 등 뒤로 감쌌다. 휴대폰으로 ○○대 홈페이지에 들어가니 1차 합격자 발표 공고문이 대문짝만하게 띄워져 있었다. 손바닥에 땀이 흥건했다.

내 이름과 생년월일을 입력했다. 마지막 확인 버튼을 누르기 전에, 심호흡을 크게 하며 생각했다. 지금까지 다 떨어졌으니, 이번에도 기대 말자. 떨어졌더라도 괜히 슬퍼하지 말자. 스스로에게 괜찮다는 말을 무수히 되뇌고 크게 한숨을 내쉬었다. 그러고는 확인 버튼을 눌렀다. 접속자 수가 많은지 화면이 잠깐 하얗게 되었다. 정말 우습게도 그 찰나의 순간에 제발 합격하게 해주세요, 하는 소원을 불명의 수신자에게 보내는 나였다. 이윽고 화면이 바뀌었다.

커튼을 젖히고 곧장 교실 밖으로 걸어 나갔다. 아무 일 없다는 듯이 표정을 숨겼다. 환한 교실과는 달리 복도는 어두컴컴했다. 여느 때처럼 복도에는 친구들이 떠드는 소리로 가득했다. 발걸음을 재촉하며 계단을 빠르게 내려갔다. 그러고는 통화 버튼을 눌렀다. 뚜르르… 뚜르르… 자세히 보지 않으면 누가 누군지 분간도 되지 않는, 짙은 어둠이 조용히 깔린 그곳에서, 나는 마침내 활짝 웃을 수 있었다. 이윽고 저 앞에 보랏빛 하늘이 보였다.

"여보세요?"
엄마의 목소리를 듣는 순간, 울음이 한꺼번에 터져

나왔다. 눈물이 쉴 새 없이 흘렀다. 수십 번의 좌절 끝에 맛본 첫 성취였다. 수화기 너머에서 울고 있는 아들을 따라 엄마도 함께 울었다. 쏟아지는 달빛 아래 완전한 어둠이 내린 곳곳을 이리저리 돌아다니며 한참을 울다 종이치고 나서야 눈물을 황급히 닦았다. 교실로 들어와 자리에 앉아 있으니 나의 합격 소식을 안 담임선생님이 찾아와 축하해주셨다. 함께 공부하고 있던 친구들도 한마디씩 거들었다. 나는 아무렇지도 않게 그저 씨익 한번 웃어 보이기만 했다. 왠지 남들 앞에서 너무 기쁜 티를 내면 안 될 것 같았다.

결과적으로는 두 번째이자 마지막으로 합격한 대학에 진학했지만, 첫 합격의 순간은 내 머릿속 한편에 의미 있는 기억으로 여전히 자리 잡고 있다. 임용고시에서 1차 합격을 했을 때도 그랬다. 최종 합격이 아니었는데도 그렇게 울음이 나올 수가 없었다. 옆에서 함께 합격 조회를 하던 가족 품을 껴안고 한참을 흐느꼈다. 그럼 최종 합격을 했을 때는? 울기는커녕 하루 종일 싱글벙글 웃기만 했다.

항상 미완성의 상태에서 감정이 끓어오르곤 했다. 더

거쳐야 할 단계들이 아직 많이 남아 있었지만 그럼에도 눈물이 흘러나왔다. 비록 아직 완성되지 않았다 할지라도, 오늘만큼은, 지금 이 순간만큼은 쉬어도 된다고 누군가 토닥여주는 것 같았다. 어쩌면 울음은, 그동안 꾹 참고 홀로 버텨온 나에게 스스로가 줄 수 있었던 유일한 선물이 아니었을까.

참으로 나약했고, 무지했고, 어리기만 했던 '그 시절'. 내 몸통과 머리를 푹푹 찔러대던 것들을 모두 다 내가 감당해 내야 하는 건 줄로만 알았던. 흘러내리는 검붉은 피를 남에게 들키지 않으려 작은 두 손으로 상처를 움켜잡고 있었던. 아무것도, 정말 아무것도 모른 채로 다 끌어안으려고만 했던. 성장과 성숙이라는 말로 미화하기에는 너무나도 가혹했던 그 시절의 파편들을 쳐다보고 싶지 않아 땅속 저 깊이 묻어 두기만 했다. 그랬는데, 열심히 해도 성적이 오르지 않는다는 말과 함께 제 상처를 훤히 드러내 보이며 선생님을 찾아온 3학년 학생은 그때의 나보다 훨씬 현명했다. 그리고 내가 건네는 이런저런 위로에 고개를 끄덕이는 아이의 모습을 보며 느낄 수 있었다. 나의 '그 시절'이 마냥 아프기만 했던, 별 의미 없이 흘려보내기만 했던 시간은 아니었다는 걸.

낭떠러지

 내 바로 뒤에 낭떠러지가 있는 것 같다고 자주 느꼈다. 길고 커다랗게 끝도 없이 파여 있는 낭떠러지. 그런 생각이 들 때마다 있는 힘껏 달렸다. 내 발밑으로 슬금슬금 다가오는 시커먼 구멍 아래로 떨어질까 두려웠다. 한참을 달리다 숨을 고르려 멈춰 서면, 낭떠러지는 그 틈을 타 우악스럽게 입을 벌리며 나를 삼키려 했다. 어쩔 수 없이 또 발을 뗄 수밖에 없었다.

 달리는 내 주변에는 사람들이 많았다. 그들은 대부분 천천히 걷거나 가볍게 뜀걸음을 했다. 그에 반해 나는 미친 듯이 달렸다. 사람들 사이를 이리저리 제쳐 나갔다. 나와 같은 속도로, 혹은 나보다 더 빠른 속도로 달리는 사람들도 있었다. 그러나 누구는 돌부리에 걸려 휘청이고, 누구는 힘이 빠져 주저앉고 말았다. 언젠가부터는 더 이상 아무도 보이지 않았다. 이 세상에 혼자인 기분이었다. 결승선은 보이지 않았다. 갑자기 무서워졌다. 언제까지 이러고 있어야 하지?

낭떠러지를 처음 발견한 건 열네 살 때였다. 사실 낭떠러지라고 하기에는 너무 작은, 주먹 정도가 들어갈 만한 구멍에 불과했지만 그때는 그 구멍이 싱크홀마냥 위협적일 정도로 커 보였다. 좋은 성적을 받고 싶어 밤늦게까지 공부하는 딱 그런 범생이로 살았다.

고등학생이 되고 나서 뒤를 돌아보니 작은 구멍이었던 것이 순식간에 구덩이로 커져 있었다. 남들보다 뒤처지고 싶지 않아서 선행 학습을 했고, 잠을 자는 시간 빼고는 모조리 공부로 채웠다. 친구들이 놀자고 해도 멋쩍은 웃음으로 외면했다. 학교로 가는 버스에서도, 쉬는 시간에도, 밥을 먹을 때도, 화장실을 갈 때도 무언갈 계속해서 보고 외우고 또 잊어버리고 끝내 좌절하기를 반복했다.

갓 제대한 복학생은 이제는 커다랗게 불어버린 낭떠러지가 너무나도 두려웠다. 조금만 지체했다가는 저 어둠에 영영 삼켜질 것 같아 불안했다. 그토록 원했던 국어

공부를 뒤로 미뤄두고, 성공할 확률이 높은 전공을 선택했다. 선두에서 달리고 있는 나 자신이 익숙해졌다. 이 자리를 남에게 내어주기 싫었다. 죽을힘을 다해 열심히 달렸다. 쉬는 건 내게 사치였다.

신규 교사는 이상함을 직감했다. 선생님이 되어 학교에 오긴 왔는데 모르는 게 너무 많았다. 그렇다고 시간은 나를 기다려주지 않았다. 당장 나이스 시스템에 익숙해져야 했고 독서토론 수업을 해야 했고 대출 반납 시스템을 익혀야 했고 도서관 행사를 열어야 했다. 그간 달리기만 한 탓에 청소년 권장 도서는 당연히 몰랐고 서점 베스트셀러 정도만 드문드문 아는 수준이었던 나는, 그 어느 때보다도 '빨리' 읽어내야 했다. 결국, 달리면서 책을 읽었다. 발은 여전히 앞으로 향했고, 눈은 활자를 따라 정신없이 움직였다. 그 와중에 학교에서는 열혈 마라토너인 나에게 책쓰기 프로그램을 맡겼다. 나도 내본 적 없는 책을 아이들더러 만들라고 말하는 선생님은 되기 싫었다. 고등학교 이후로는 잡지 않았던 펜을 다시 꺼내 들었다. 지역 도서관에서 진행하는 출판 프로그램에 참여해서 에세이를 썼고, 마음 맞는 사람들과 같이 모여 난생처음 단편 소설을 냈고, 독립출판에 대한 온라인 강연을 듣고 디자인 실습을 했다. 이제는 손마저 쉴 수 없었다. 낭떠러지는 내 뒤를 여전히 따라왔다.

　책을 쓰면서 몇 권의 독립출판물을 추천받았다. 솔직히 말하면, 굳이? 싶었다. 검증되지도 않은 책을 읽어볼 시간 따위는 없었다. 내 글 쓰는 것만 해도 바빴다. 독립출판 강연을 들으면서도 사람들이 왜 독립출판을 하는지 이해가 가지 않았다. 기성출판은 편하고 빨랐지만, 독립출판은 힘겹고 느렸다. 그런데도 왜? 왠지 모를 어정쩡한 기분으로 지난번에 추천받은 지역 작가의 책을 펼쳤다.

　조금만 더 기다리면 이리로 빛이 새어 나올 듯한 갈색 블라인드가 그려진, 한 손에 딱 들어오는 아담한 크기의 그 책은 달랐다. 지금까지 읽었던 기성출판물에서 볼 수 없었던 새로움과 다정함이 묻어났다. 문장 하나하나가 내 가슴을 흔들었다. 피식 웃기도, 때로는 눈물짓기도 하며 한 장 한 장을 찬찬히 뜯어 보았다. 책을 펼 때마다 포스락, 소리가 나는 두터운 솜이불을 덮고 그 온기에 취해 눈을 감고 있는 기분이 들었다. 어떻게 이런 표현을 쓸 수 있는 걸까. 어떻게 이런 생각을 할 수 있는 걸까. 그에 반해 나는 그러지 못했다. 쉴 새 없이 움직이던 왼쪽 다리가 한 차례 휘청였다.

어쩌면 이번엔, 내가 절대 1등을 하지 못할 수도 있을 것 같다고, 온몸으로 직감적으로 느꼈다. 내가 느려지면, 그래서 다른 사람들이 나를 앞지르면 안 되는데, 진짜 안 되는데. 한풀 꺾인 다리가 점점 속도를 낮추었다. 내 뒤를 슬쩍 곁눈질해 보다가 용기를 내 몸을 180도로 돌렸다. 땅바닥에는 이런저런 책들이 너저분하게 널려 있었다. 내가 쓴 에세이는 소재와 구성이 이상했고, 급히 쓴 소설은 뻔하디뻔한 내용이었다. 저번에 결제한 책 디자인 프로그램은 만료기일이 한참 지난 상태였고, 대충 읽어댄 책의 내용은 머릿속에 하나도 남아 있지 않았다. 지금까지 나는 뭘 한 거지? 열심히, 그 누구보다 빠르게 달려왔는데. 순간, 내가 그토록 피하고 싶어 했던 낭떠러지 안에 갇혀 있는 것 같은 느낌이 들었다. 발을 내디뎠던 길목 길목이 실은 끝없는 어둠으로 향하는 것인 줄도 모르고, 피가 나고 멍이 들도록 여태껏 살았던 게 아닌가 하는 생각이 머릿속을 가득 채웠다.

낭떠러지는 지금까지 한 번도 존재했던 적이 없었다. 발뒤꿈치 아래의 까마득한 어둠은 내가 만든 거였다. 내가 만든 불안과 우울이었다. 나 따위가 여유를 부려서는 안 된다며 스스로를 몰아세웠다. 누가 그러라고 시키지도 않았는데 나 혼자 그랬다. 그래서 뛰고, 또 뛰었다. 뒤에 있는 낭떠러지가 무서워 한 번도 뒤를 돌아보지도, 가만히 살펴보지도 못했다. 빠르게 달렸다고 생각했지만 그건 어디까지나 내 기준으로 빠른 거였다. 맨 앞에서 무작정 달린다고 다 좋은 건 아니라는 걸, 열심히 달린다고 내가 모든 걸 완벽히 해낼 수 없다는 걸, 책을 읽고 글을 쓰며 알았다. 아무 생각도 하지 않은 채 그저 멍청하게 발을 놀린 나 자신이 미워지는 동시에 미안한 마음이 들었다.

    그제서야 다리에 힘이 완전히 풀렸다. 이제 달리는 건 무의미했다. 무엇보다 나의 한계를 인지하는 것, 그리고 인정하는 것이 필요했다. 그게 바로 진정한 출발이었다. 모든 움직임을 멈춘 나에게 남은 것은 근육이 터진 다리, 물기 없는 눈, 이렇게 느리게 걸어도 되는 건지 여전히 갈팡질팡하고 있는 머리였다. 이제 나도 당분간 회복을 해야겠지. 너무 잘하려고 하지 말자. 꼭 달리지 않아도 괜찮다는 걸 이젠 알잖아. 앞으로는 천천히, 천천히 걸어 보자. 가끔은 한눈팔아도 되니까, 내가 내고 싶은 속도로 움직이자. 그렇게 우뚝 선 채로 내 뒤를 돌아봤을 때, 지금까지 나를 옥죄고 있던 낭떠러지는 이미 사라지고 없었다.

어린 날의 나에게

기죽지 마.

지금이야 인생에서 제일 중요한 것처럼 보이겠지만

나중에 돌이켜보면 기억나지도 않는,

너의 인생에 있어 티끌 같은 존재 때문에

너무 많이 아파하지 않아도 돼.

너의 성격이 이상한 게 절대 아니야.

소심하고 나약한 게 아니고

부드럽고 섬세한 거야.

감정이 나한테 왔다가 가는구나, 하고

심호흡을 한번 크게 해 보자.

남들이 뭐라고 하든 신경 쓰지 마.

그저 너를 응원하고 있는 사람들이

네 생각보다 많이 있다는 사실을 잊지 마.

한 가지 칭찬해 주고 싶은 건

글을 쓰고 있다는 거.

가슴이 저려올 때면 펜과 종이를 꺼내어
너의 마음을 있는 그대로 뱉어 봐.
미래의 네가 엄청 고마워할 거야.

무엇보다도,
정말 다 잘될 거니까,
너무 걱정하지 마.
마음 편히, 그냥 믿어.

그리고,
잘 버텨내 줘서
잘 이겨내 줘서
정말 고마워.

제2부

자료상태 : 대출 가능

서가 한가운데를 바라보며

 도서관이 가진 우직함을 배우고 싶다. 누가 뭐라고 하든 중심을 잡고 내 자리를 꿋꿋이 지키는 힘. 예상치 못한 때에 그 어떤 이가 찾아와도 똑같은 표정, 일관된 자세로 맞이하는 관록. 누가 오든 오지 않든 책을 읽든 읽지 않든 그저 덤덤하게, 가만히 지켜보기만 하는 도서관의 여유로움과 사려 깊음. 그런 것들을 그대로 닮고 싶다. 변화는 있어도 변함은 없는 도서관처럼 살고 싶다.

 나는 생각이 많은 사람. 조용한 하루를 보내다가도 언젠가 뱉었던 부끄러운 말들을 기어이 생각해낸다. 표정이 좋지 않았던 이의 얼굴을 떠올리고 내내 또다시 곱씹어본다. 그렇게 말하지 말걸, 그때 이렇게 행동했으면 더 좋았을 텐데, 하며 늘 그랬듯 후회한다. 나의 치부를 굳이 꾸역꾸역 꺼내고 도로 다시 밀어 넣으려 애쓰는 기이한 마음으로 눈앞에 놓인 일 하나를 겨우 시작한다. 순간 도서관 문을 열고 아이들이 들어온다. 나를 향해 방긋방긋 미소를 짓는 아이들 앞에서 나는 자리에서 일어나 활짝 웃어 보인다. 밝은 목소리로 열심히 안부를 나눈다. 아이들이 나가고 다시 혼자가 되면 털썩, 힘없이 앉아 얼굴을 구긴다. 쉴 새 없이 쉬이 흔들리고 간신히 붙드는 나 자신을 보면 언제쯤 이 변덕스런 마음에 초연해질까 싶어 엷게 실소한다.

사람은 조금씩 변한다. 겉도 속도 나도 모르는 사이에 변한다. 어제의 나와 오늘의 나, 작년의 나와 올해의 나는 다른 사람이다. 그 사실이 어쩐지 부담스럽고 무서울 때가 있다. 변화의 속도는 지나치게 빠르고 방향은 예상치 못한 데로 꺾인다. 졸업생이 나를 찾아올 때 조금씩 긴장이 되기 시작한다. 이 아이의 머릿속 내 이미지와 지금의 내 모습 사이에 먼 간격이 있으면 어쩌지 싶다.

도서관의 아침은 언제나 평온하다. 책들은 선반 위에서 자신을 빼내어 줄 사람을 가만히 기다리고 서가 테두리에 마스킹테이프로 꼭꼭 붙여둔 필사 문구들은 변함없이 자기 자리를 지킨다. 한결같은 묵묵함을 지닌 도서관을 한 바퀴 찬찬히 둘러본다. 빼곡한 서가 사이를 들여다보고 있으면 왠지 모를 장엄한 분위기에 경이로운 마음이 들기까지 한다. 한껏 묵직한 고요, 차분히 내려앉은 평온. 그래서일까. 그 속에 있으면 나는 가장 불안한 존재가 된다. 그 점이 이따금씩 못마땅하게 느껴진다. 나는 오늘도 좋은 방향으로 흘러가고 있는 걸까? 서가 한가운데를 바라보며 자문한다. 도서관에게 대답을 듣고 싶다. 책들이 말을 해줬으면 좋겠다.

그러니까 내 꿈은,

앞서 말했듯 어릴 적 나의 꿈은 국어교사였다. 국어교사가 되기 위해 열심히 공부했고, 그토록 원하던 국어교육과에 진학했다. 대학에 가니 현실의 벽을 체감할 수 있었다. 과에서 공부를 잘하는 선배들도 초수는 고사하고 기본 재수는 해야 임용고시에 몇몇 합격한다고 했다. 하지만 그건 그저 남의 일에 불과했다. 쉽지 않겠지만, 그래도 나는 할 수 있어! 그렇게 생각하며 패기롭게 1학년을 보냈다.

군대를 제대한 뒤부터 바로 국어 임용고시 준비생 모드, 이름하여 '임고생 모드'에 돌입했다. 그렇게 공부했더니 한 과목을 제외하고 올 A+를 받았다. 역시 나는 천상 국어선생님이 될 인재야!

졸업을 앞둔 선배들은 옆에서 하나같이 나에게 복수

전공을 권했다. 국어만 공부하기에는 너무 위험하니 보험(?)으로 한 과목을 더 공부하라고 했다. 음? 내가 왜? 한 귀로 듣고 한 귀로 흘렸다. 다른 과목은 가르치고 싶지도 공부하고 싶지도 않았다. 누가 뭐래도 내 꿈은 국어교사니까!

그 해, 충격적이게도 우리 과 임용고시 초수 합격자는 아무도 없었다. 알고 보니 내가 군대를 간 재작년에도 0명이었단다. 공부 잘하기로 소문난 선배들이 재수, 삼수를 준비한다고 했다. 흔들리기 시작했다. 열심히 한다고 붙는다는 보장이 없는 시험이 임용고시라는 것은 익히 들어서 알고 있었지만 수치를 직접 눈으로 보니 체감의 정도가 달랐다. 못 붙으면 어떡하지? 겨울 내도록 고민을 하다 나에게 복수전공 제도를 알려준 친한 선배에게 끝내 연락을 걸었다.

"저번에 소개해 준 그 학과 이름이 뭐였죠?"

문헌정보교육과. 전국에 있는 사범대학 중 우리 학교에만 있는 그야말로 '유니크'한 학과다. 졸업하면 사서 자격증이 나오는 문헌정보학과와 달리, 문헌정보교육과를 졸업하면 사서 자격증은 물론 사서교사 자격증도 함께 나온다. 몇 년 전까지만 해도 주목도가 그리 높지 않은 학과였는데, 최근 사서교사 임용고시 TO가 급증하면서 인기가 많아졌다는 게 선배의 설명이었다. 경쟁률이 국어보다는 높지 않기 때문에 최선을 다해 열심히만 한다면 합격할 수 있을 거라고, 무엇보다 네가 복수전공을 하면 졸업을 할 때 국어교사, 사서교사 자격증 두 개가 나오기 때문에 손해 보는 장사는 아니라고 했다.

쉽게 결정을 내릴 수는 없었다. 학교도서관에 있는 사람이 사서인지 교사인지 아직 모르는 사람들이 많았고, 비교과 교사이기 때문에 정규 수업도 없었다. 무엇보다 나에게는 사서교사 임용고시를 친다는 것이 국어교사의 꿈을 포기하는 것과 같은 의미로 다가왔다. 내가 이러려고 중고등학교 때 그 고생을 한 게 결코 아니었다.

국어교사의 꿈을 키워온 지 딱 10년이 되던 해, 3학년 1학기 시작을 앞두고 나는 결국 복수전공을 신청했다. 국어교사가 될 수 있다는 희망보다 임용고시 합격에 대한 열망이 더 컸다. 또 사서교사는 책을 다루는 직업이니 그나마 국어와의 관련성이 다른 과목보다는 클 것 같았다. 밑져야 본전이니까 이왕 하게 된 거 좋은 마음으로 공부해 보기로 했다. 그리고 한편으로는 국어에 대한 진지한 성찰을 방학 내내 이어 나갔다. 내가 정말 국어를 좋아하는지, 임용에 합격할 수 있을 만큼 뛰어나게 잘하는지, 나는 왜 국어교사가 되고 싶은지. 지금껏 한 번도 의심해 본 적 없는, 당연히 참이라고 생각했던 명제들 뒤에 물음표를 붙여 스스로에게 묻고 또 물었다.

나는 국어를 좋아하기는 했으나, 엄밀히 말하면 국어 문법을 좋아했다. 우리가 평소 사용하고 있는 말이 어떤 원리로 작용하는지 알아가는 재미가 있었다. 음운론부터 통사론까지 모든 내용이 내 마음을 설레게 했고 한글맞춤법 조항을 외우는 게 (변태 같지만) 굉장한 짜릿함으로 다가왔다. 특히 음운론에 큰 매력을 느꼈는데, 모든 말소리의 발음 법칙을 내가 다 정리하고 또 찾아보고 싶은 욕구가 이글거릴 정도였다. 하지만 문학은 아니었다. 문학이 과연 국어의 범주에 속하는가, 하는 본질적인 질문을 대학 시절 내내 되풀이했다. 문학은 국어보다는 예술에 가깝지 않나. 예술 작품을 해석하는 능력을 아이들에게 국어 시간에 요구하는 게 맞는 걸까. 하지만 여전히 국어의 범주에 문학은 포함되어 있었고, 임용고시에서도 큰 비중을 차지하고 있었기 때문에 울며 겨자 먹기 식으로 내 생각이나 해석과는 완전히 다른 해설서를 외우고 또 외울 수밖에 없었다. 문학론 강의를 들을 때마다 생각했다. 내가 교사가 되어서 이 작품들을 아이들에게 어찌저찌 재미있게 가르칠 수는 있겠지만, 과연 그게 내게 무슨 의미가 있을까. 선생님조차도 작품을 쓴 작가 본인의 해석도 아닌 옛날 교수들이 만들어놓은 해석을 달달 외우고 아이들에게 전달해 주는 입장일 뿐인데. 매 학기 말 문학론 시험에서 받은 A+가 왠지 나의 진짜 점수처럼 느껴지지 않았던 이유도 이와 무관하지 않았다. 국어교사가 되고 싶었던 것도 국문법과 아이들을 좋아했기 때문인지 생각해 보니 다른 이유는 없었다. 문학을 가르치기 싫어하는 국어선생님이라……. 임용고시에 붙지 못할까 봐도 걱정이었지만, 붙는다 하더라도 여전히 걱정이었다.

대학 3학년 여름, 나는 복수전공 신청 승인을 받고 문헌정보교육 전공 공부를 시작하게 되었다. 복수전공을 하기로 마음먹은 건 어쩌면 불안과 조급, 그리고 합리화가 만들어 낸 결과였을 수도 있겠지만, 이유가 뭐가 되었든 두 번째 전공 공부에 적응해 나가기로 했다. 그렇다고 책상에서 국어 이론서를 쓰레기 정리하듯 치워버릴 수 없었다. 한창 임용고시 공부에 열중하던 대학교 4학년 때도 나의 책장에는 학교문법론, 중세국어문법론, 국어사 개론서가 여전히 꽂혀 있었다. 10년간의 꿈에 대한 미련이었다. 문법 전공서를 볼 때마다, 원진이 너는 대학 가서 문법 관련 논문 쓰면 아주 잘 쓰겠다고 말씀하시던 고등학교 국어선생님의 목소리가 들려왔다. 고등학생 때의 나는 미래의 내가 이런 선택을 할 거라고 상상이나 했을까. 본과에서도 복전과에서도 철저히 이방인이 된 나는, 초점 없는 눈동자를 하고 서로 다른 두 건물을 정처 없이 떠돌아다녔다. 국어가 아닌 다른 전공을 공부하고 있는 내가 나도 낯설었다. 가끔은 국어를 공부하고 있는 동기들이 부러웠다. 그래도 내가 하고 싶은 공부를 하는 게 맞지 않을까, 하는 생각이 2년 내내 끊임없이 들었다. 이 모든 걸 '임용고시 합격' 하나만 바라보고 버텨냈다. 그렇게 대학교 4학년 겨울, 우여곡절 끝에 나는 사서교사 임용고시에 응시했다.

가문의 영광

　몸도 마음도 서늘해지는 10월의 끝자락, 대망의 임용고시 원서를 쓸 시기가 왔다. 대한민국에 있는 17개의 시도교육청 중 내가 평생을 몸담을 한 곳을 골라야 했다. 고등학교 때부터 열심히 축적해 온 스스로에 대한 불신과 시험에 대한 트라우마 덕에 예전부터 일찌감치 생각해 둔 곳으로 어렵지 않게 응시 지역을 선택했다. 다름 아닌, 나의 고향 구미가 속해 있는 경북이었다. 주변 친구들도 자신의 고향에 지원하는 경우가 많았기 때문에 지역 선택을 하는 데 있어 별 고민이 없었다. 무엇보다도 길고 험난한 수험 생활을 결코 두 번 다시는 겪고 싶지 않았다. 그리고 이듬해 꽤 좋은 성적을 받아 내가 원했던 구미에 발령을 받을 수 있었다. 가족과 함께하는 구미에서의 생활은 정말이지 만족스러웠다. 정말 그랬는데,

　"이미 늦은 선물이다."

아빠의 한마디에 집에 온 걸 처음으로 후회했다. 합격 커트라인보다 25점이 높았던 내 점수, 서울에도 단번에 붙었을 세 자리 숫자가 별안간 생각난 건 왜일까. 내가 살고 싶었던 대전으로 시험을 칠걸. 나는 무얼 바라고 이곳 경북에 다시 돌아왔을까. 이런저런 생각에 온갖 힘이 빠지는 씁쓸한 아침이었다. 지난 일주일 동안 아빠의 기분이 좋지 않았던 이유가 고작 이거였다니. 교문을 지나, 출근하는 선생님들과 인사를 하고, 복도를 걷는 내내 축 가라앉아 있었다. 교무실 책상에 앉아 오늘 해야 할 일을 체크했다. 오전에는 도서 목록 작성, 1학년 수업, 품의 기안, 오후에는……. 추석 연휴 하루 전날이라 끝내야 할 게 산더미였다. 마우스를 바쁘게 달칵이면서도 기분은 좀처럼 나아지지 않았다.

아빠는 집안에서 장남이자 장손이다. 우리 집에서도 친가에서도 가장 노릇을 하는 건 언제나 아빠였다. 안타깝게도 나 또한 아빠와 같은 처지로 태어났다. 그 때문에 나에게만큼은 남존여비 사상이 팽배한 경상도에서 '그 자리'에 대한 무게를 짊어지게 하지 않으려 알게 모르게 노력을 많이 해왔다고 아빠는 스스로 자랑하듯 말하곤 했다. (물론 K-장녀가 느끼는 고충에 비하면 아무것도 아니지만) 그 말 자체가 더 부담이 되었던 건 고사하고, 장손이 무슨 높은 벼슬직이라도 되는 듯 우리 장손, 우리 장손하며 가족들이 나를 떠받드는 행태와 장손이니까 무언가를 더 해야 한다는 관습적인 사고는 정말이지 이해를 하고 싶어도 전혀 이해가 되지 않았다. 나를 배려해 왔다는 아빠는 그럼에도, 내가 임용 준비로 한창 온몸의 털을 곤두세우고 있던 어느 여름날, 고모들의 생신에 축하 전화를 한 통 해드리라고 문자를 보내왔다. 제가 알아서 할 테니 뭐 챙기라는 말씀 좀 그만하시라고 아빠에게 말한 지 세 달도 지나지 않았던 때였다. 동생에게는 한마디 말도 안 하면서 매번 나에게만 이런 식으로 요구를 해 오는 것에 깊은 염증을 느꼈다. 휴대폰을 무음으로 바꾸고 저 멀찍이 치워버렸다.

3월 초의 어느 출근길이었다. 좀 있으면 나의 계좌로 들어올 첫 월급이 얼마나 되는지 아빠에게 자랑하듯 말하자, 아빠는 친척 어른들에게 선물을 보낼 것을 권유했다. (여기서 아빠가 말하는 '친척'이란, 외가를 제외한 친가 친척만을 일컫는다.) 모든 것엔 다 때가 있다며 사회인으로서 첫발을 내디뎌 번 돈으로, 그동안 감사했다는 표시로, 속옷이든 뭐든 보내드리라고 대략적인 계획까지 세워줬다. 아빠가 어떤 생각을 가지고 있는 사람인지 잘 알고 있던 터라 그 마음이 이해가 되긴 했다. 그렇지만 나에겐 그것보다 더 급하고 중요한 것이 있었다.

　학창 시절에는 공부를 핑계로, 대학 시절에는 타지 생활을 핑계로 모든 집안일을 엄마에게 떠넘겼다. 내가 하는 일이라고는 밥이 다 되면 식탁에 숟가락을 놓는 것 정도였고 어쩌다 엄마가 너무 힘들어 보이면 설거지를 한 번씩 거들었다. 부끄럽지만 전역 후에야 난생처음 집 빨래를 널어봤다. 10년이 넘은 세탁기는 탈수가 제대로 되지 않았고, 물이 뚝뚝 떨어지는 4인분의 일주일 치 옷가지들을 좁아터진 베란다에서 땀을 뻘뻘 흘리며 내 키보다 높은 건조대에 치렁치렁 매달았다. 평소보다 늦게 집에 돌아온 엄마는 내게 미안한 얼굴을 했다. 미안한 것도 잘못한 것도 다 남자 셋의 몫이었는데 말이다. 대학을 졸업하고 집으로 다시 돌아온 지금, 무슨 일이 있어도 첫 월급으로는 세탁기와 건조기를 사겠노라 마음먹었다. 아빠의 말이 신경 쓰였지만, 아무 생각도 하지 않기로 하고 월급 계좌에 돈이 입금되자마자 일시불로 카드를 긁었다. 얼마 뒤 세탁기와 건조기가 우리 집으로 들어왔을 때 아빠는 아무 말 없이 서 있다가 엄마만 좋지, 나는 좋을 게 하나도 없다며 눈썹을 눈과 멀찍이 떨어뜨렸다. 그런 아빠에게 나지막이 말했다. 어디 가서 그런 말씀 하지 마세요.

고민에 고민을 거듭하다 아무래도 경상도 집안의 '그 자리'에 앉아 있는 처지라 마음이 찝찝했던 나는 결국 아빠와 대구에 들러 할머니께 용돈 10만 원을 드렸다. 병실에 계시는 대전 할머니께도 짧은 편지와 함께 똑같이 10만 원을 우편으로 보내드렸다. 그리고 추석 연휴를 열흘 앞둔 날, 엄마 아빠의 가족들에게 추석 선물 겸 임용 합격 선물로 홍삼을 샀다. '아빠가 원했던 대로'. 그날 밤, 신발장 앞에 좌르륵 쌓여 있는 홍삼 일곱 박스를 본 아빠는 아무 말이 없었다. 아빠의 표정을 보니 어쩐지 느낌이 쎄했다. 아니나 다를까, 평소 출근길마다 이야기보따리를 늘어놓던 아빠는 그날 이후로 학교로 가는 차 안에서 단 한마디도 하지 않았다. 집에서도 마찬가지였다. 왜 그러냐는 엄마의 질문에는 일이 힘들어서, 라고 대충 대답하고 휴대폰만 만지작거렸다. 출근길마다 냉랭한 분위기를 풀어보려 오늘은 날씨가 참 좋네, 차 앞 유리에 뭐가 묻었네, 혼잣말을 해봐도 아빠는 불편한 한숨만을 푹푹 내쉴 뿐이었다. 홍삼이 집에 도착한 게 월요일이었으니 장장 나흘을 그렇게 지냈다. 금요일인 오늘, 혹시 내가 모르는 다른 일이 있는 건가 싶어 출근길에 진지하게 물었더니, 내가 준비한 선물이 이미 늦은 선물이라는 답이 돌아온 거였다.

정신을 차리고 시계를 보니 어느덧 11시를 가리키고 있었다. 점심을 서둘러 먹고, 내가 자리를 비운 사이에 온 공문이 없는지 확인을 했다. 오늘은 공문 대신 아빠의 메시지가 와 있었다.

대충 아빠가 욕심을 부려서 그랬다는, 미안하다는 내용이었다. 짧지 않은 길이로 봤을 때 그래도 아들의 기분을 배려해 준 느낌이 들어 피식, 웃음이 나왔다. 아빠도 그간 나름대로 힘드셨겠구나. 그래, 우리 아빠가 이런 걸 어떡해. 휴대폰 자판을 치기 시작했다. 점심은 맛있게 드셨나요. 아빠 마음 충분히 이해해요. 열심히 나의 마음을 꾹꾹 눌러 담고 있던 그때, 아빠가 메시지 한 통을 더 보내왔다. 그 메시지를 보고는 머리가 멍해졌다. 가슴이 답답했다가 미어졌다. 역시 사람은 변하지 않는 건가, 싶은 생각이 들었다. 쓰던 글을 모조리 지우고 눈을 감았다.

"그래도 명심해라.

하고 싶은 일만 하고 살 순 없다는 사실을.

아버지는 우리 큰아들이 잘해줄 거라 믿는다.

기다리마."

 끝내 아빠는 내게 불만이 남아 있었던 거였다. 첫 월급을 받는 3월에 선물을 했어야 했는데 본인의 말을 무시하고 늦은 9월이 되어서야 했던 게 못마땅한 거였다. 선물을 하지 않은 것도 아닌데 나로서는 아빠의 반응이 당황스러웠다. 억울함이 밀려왔다. 아빠는 끝까지 머릿속에 오랫동안 자리잡아 온 뜻을 굽히지 않고 있었다. 그리고 나는 앞으로 장손이라는 이유로 내가 뭘 어디까지 해내야 하는 건지 궁금했다. 나는 아빠가 원하는 걸 결코 다 해내지 못할 것 같은데. 나는 아빠를 절대 만족시킬 수 없을 것 같은데.

 가문의 영광이라고 노래를 부를 정도로 아들을 끔찍이 사랑하는, 그 누구보다 사랑하는 우리 아빠. 그렇게 나에게 모든 걸 퍼부어주는 아빠도 가끔씩은 미워질 때가 있는 법이겠지. 단 한 번도 나쁜 아빠라고 생각해 본 적 없고, 이번 일로 지금까지 함께 해온 아빠와의 시간을 부정하고 싶지도 않다. 다만 어떻게 하면 아빠를 이해할 수 있을까, 어떻게 하면 아빠의 생각을 조금이라도 바꿀 수 있을까, 과연 내게 그럴 자격이 있을까, 오히려 내가 바뀌어야 하는 걸까, 정신없이 이어지는 질문에 왼쪽 머리가 아파올 뿐이었다.

종이 쳤다. 눈을 떴다. 아이들이 하나둘 몰려왔다. 휴대폰을 주머니에 구겨 넣었다. 입 근육이 전혀 펴지지가 않아 눈으로만 겨우 웃음을 지어 보였다. 밥 맛있게 먹었어? 아이들은 내 웃음이 평소와 달랐다는 걸 눈치챘을까. 오늘따라 유난히 귀를 때리는 높고 낮은 사투리가 겹쳐 들려오는 순간 가슴이 갑자기 갑갑해졌다.

필히, 오롯이, 후회 없이

"선생님은 퇴근 후에 뭐 하세요?"

아이들에게 숱하게 듣는 질문이다. 특히 주말에 뭐 하냐는 질문은 금요일마다 빠짐없이 듣는다. 인사치레로 가볍게 한 질문일 수도 있는데 그 간단한 질문에 뭐라 말해야 할지 말문이 막혀 생각에 잠긴다. 내일 수업 PPT 만들어야지. 다음 주 도서관 행사 준비해야지. 읽고 싶었던 책 읽어야지……. 무어라 말해야 할지 고민하고 있다 보면 아이들이 알아서 화제를 바꿔 다른 이야기를 시작한다. 그럴 때마다 내가 너무 재미없는 사람으로 느껴져 괜히 뒤통수를 긁적인다.

내 인생에는 '교사로서의 정원진'만 있는 게 아닐까, 하고 자문해 보게 될 때를 자주 맞닥뜨린다. 그중 취미가 뭐냐는 질문을 받을 때가 가장 난처하고 쓸쓸하다. '어떻게 하면 도서관에서 수업을 더 재미있고 의미 있게 해낼 수 있을지 고민해요!', '제가 지금 학교에서 아이들에게 또 동료 선생님들에게 잘하고 있는 건지 반성하는 시간을 가져요!', '여러 독립 서점에서 제가 몰랐던 책을 만나고 여러 큐레이션을 경험하며 우리 학교 도서관에는 어떤 방식으로 접목할 수 있을지 생각해요!'라고 말할 수는 없다. (이제 모두가 알게 되겠지…….) 대답을 기다리다 지친 상대가 '책 읽는 거?'라고 넘겨짚으면 바로 그거라며 이제야 취미를 깨달은 것 같은 사람처럼 고개를 연신 끄덕이는 것으로 쉬운 질문을 어렵게 넘긴다.

누군가 말했다. 직장에서의 삶과 집에서의 삶은 분리되어야 한다고. 머리로는 그 말을 이해하면서도 내 몸은 불수의적으로, 또 필사적으로 두 삶을 경계 짓지 않으려 한다. 퇴근길에서도 저녁을 먹으면서도 샤워를 하면서도 나도 모르는 사이에 계속 학교 생각을 하고 있다. 생각을 안 하려고 해도 계속 생각이 난다. 자꾸 신경이 쓰이고 욕심이 난다. 잘하고 싶다. 더 구체적으로 말하자면, 모든 걸 다 잘 해내고 싶다. 내 일이 취미라고 말하는 건 좀 이상한가.

종종 내가 지금 하고 있는 일들이 맞는 건지 의문이

들 때, 내가 괜히 나서서 일을 벌이고 있는 건 아닌지 생각에 잠길 때, 편하게 있으면 될 걸 왜 굳이 그렇게까지 힘들게 일하는지 묻는 누군가의 질문에 순식간에 회의감이 가득 밀려올 때가 불쑥 찾아온다. 그 뒤에는 늘 '굳이'라는 말이 따라붙는다. 수업 '굳이' 안 해도 되고 동아리 '굳이' 만들지 않아도 되고 각종 행사와 프로그램도 '굳이' 많이 열지 않아도 되는데, 왜 '굳이' 그렇게까지 해서 스스로를 힘들게 만드느냐는 말. 없는 수업을 기어코 여러 개 개설하고, 독서 프로그램을 교내, 교외 가리지 않고 닥치는 대로 만들어서 진행하고, 누군가는 한번 보고 흘려보낼 북 큐레이션까지도 혼신의 힘을 다해 준비하는 나는 그래서인지 괜히 눈치가 보인다. 힘든 일이 있어도 힘든 티를 내면 안 될 것 같다. 내가 벌인 일이니 내가 감수해야 한다는 생각에 외로워진다. 주변에서 던지는 한마디 두 마디에 마치 '자기 자신도 챙길 줄 모르면서 일만 열심히 하는 바보'가 된 것만 같다. 지금 내가 무얼 위해 이렇게까지 하고 있는 건지 혼란스러워진다. 힘들이지 않고 쉽게 쉽게, 할 수 있을 만큼만 하는 거. 어쩌면 그게 맞는 것일지도 모르는데. 그럴 때마다 언젠가 옆 학교 선배 사서선생님과 카페에서 나눴던 이야기를 떠올린다.

하하, 선생님. 하고 싶은 게 있다면 할 수 있을 때
다 해봐야죠.
저도 어릴 때는 내가 손해 보지 않으려는 생각에
항상 날이 서 있었는데요,
지나고 보니 다 경험이었다- 이런 생각이 드네요.
무엇보다 교육은 그래야 하는 거잖아요, 선생님.

워커홀릭. 남들 눈에는 직장으로 여겨질 학교도서관이 내겐 그 어떤 곳보다 좋다. 일 때문에 5일 연속으로 야근을 하지만 내가 하고 싶은 일이니 괜찮다. 주말에는 쉬면 안 될 것 같은 불안감에 휩싸여 뭐라도 해야 할 것 같은 느낌에 꾸역꾸역 책을 읽어 본다. 어차피 내가 해야 하는 일, 정확히 말하자면 내가 벌여놓은 일을 안 할 수는 없으니 기왕 하는 거 최선을 다해 본다. 이미 충분히 바쁜데도, 미래의 내가 힘들어할 걸 알면서도 계속해서 새로운 일을 벌이는 이유가 뭘까. 답을 찾는 데까지는 시간이 오래 걸리지 않았다. 내가 즐겁게 살고 싶어서. 단지 그 이유였다. 시간을 쪼개 정성을 들여 무언가를 준비해 가면 아이들이 즐거워했고, 그런 아이들을 보면 나도 즐거워졌다. 평소의 퇴근길은 무언가 채워지지 않은 듯 허한 마음이 들었다면, 그런 날엔 그 한구석이 어쩐지 풍족하게 차올랐다. 그 덕에 따뜻하게 데워진 마음을 한동안 포근히 간직한 채로 기분 좋게 집으로 돌아갈 수 있었다. 누군가에겐 '굳이' 싶은 일이 나에겐 '필히' 해야 하는, 지금 하지 않으면 나중에 후회할 것 같은 일이었나 보다.

    교육은 그래야 한다는 말이 내 머릿속을 맴돈다. 그래, 나는 떠돌이처럼 여기저기 들르며 목적지 없이 부유하고 있는 게 아니다. 단단한 장작을 디딤판 삼아 몸집을 본격적으로 키우기 시작하는 불씨처럼 활활 타오르는 중인 거다. 넓고 넓은 이 세상에 나 같은 사람도 있을 수 있는 건 당연한 거라고, 열심히 하고 싶은 마음이 들 때 열심히 하는 건 그리 이상한 일이 아닐 거라고, 무엇보다도 아이들이 웃고 고개를 끄덕이고 좋아했으면 된 거 아니겠냐고, 오늘도 퇴근 후 어김없이 동네 카페에서 노트북 화면을 펼치면서 스스로에게 주문을 건다. 초임 교사가 갖고 있는 불씨가 약해질 순간은 분명 올 것이다. 나의 일에 사랑에 빠진 워커홀릭으로 살 수 있을 때, 이 삶을 오롯이 누리고 후회 없이 채워나가자. 적어도 지금은, 그렇게 해야 내가 즐거우니까. 교육은 그래야 하니까.

생채기 치료 일지

 거울에 비친 내 얼굴을 확인한다. 머리는 차분하게 잘 가라앉았고, 잠을 푹 자서 그런지 눈은 평소보다 커 보인다. 다 좋은데, 문제는 그 아래다. 눈 아래부터 턱까지 여드름이 볼품없게 퍼져 있다. 누렇게 농익은 것들이 인중에 코 옆에 입술 밑에 보인다. 짜버리자니 더 악화될까 봐 걱정되고, 그렇다고 그냥 두자니 마스크를 벗는 상황이 왔을 때 곤란해질 것 같다. 어쩐지 어젯밤부터 얼굴이 간지럽더라니 결국 이 모양이다. 마스크를 쓴다. 흉이 가려진다. 이제 사람들은 내 볼에 어떤 난리가 났는지 턱선이 뾰족한지 네모난지 알 겨를이 없다. 대충 이렇겠거니, 추측하고 상상하며 나를 대하고 나도 그렇게 상대방을 대한다.

 우리는 대개 자신의 기준에서 생각하고 말하고 행동한다. 지금까지 살아오면서 쌓아온 경험과 만들어온 가치관에 따라 상대방을 판단한다. 대부분의 사람들이 우울중 환자에게 건네는 위로의 말로 '힘내'를 내뱉곤 하는 이유다. 그 '힘내'는 게 너무 어려운데, 사람들은 넌 왜 그렇게 나약한지를 돌려 묻는다. 우리 모두 아픈 곳을 하나둘씩 지니며 살아간다. 그러나 사람들은 자신의 상처보다 훨씬 작디작은 상처를 가진 사람에게 말한다. '그 정도면 별거 아니네.' 그러다 그깟 생채기밖에 나지 않은 사람이 힘들다고 말하면 미간을 찌푸리고 고개를 갸웃거린다. '뭘 그런 거 가지고?' 같은 크기와 깊이의 상처라 하더라도 따갑네, 하고 잠깐 뒤면 잊어버리고 마는 사람이 있는가 하면, 몇 날 며칠을 침대 위에서 새벽까지 뒤척일 정도로 괴로워하는 사람이 있다. 여기서 나는 후자였고, 그 대상은 보통 어른들이 '크면 다 없어진다'고 대수롭지 않게 말하곤 했던 '여드름'이었다.

코로나 바이러스가 전 세계를 휩쓸면서 모든 사람들이 마스크를 쓰기 시작했다. 마스크를 쓰기 전에는 불편하지 않았던 것들이 이제는 몹시 불편해졌다. 마스크를 벗어야 하는 모든 상황이 그렇게 됐다. 급식을 먹을 때는 식판에 코를 박고 급히 젓가락만 움직이고, 물을 마시거나 양치를 할 때는 벽만 본다. 다른 사람들과 무언가를 먹는 자리가 제일 난처하다. 음식을 먹을 때만 잠깐 벗고 다시 쓰는데, 코로나 감염을 예방하기 위한 목적이라기보다는 마스크를 벗고 남의 눈을 똑바로 보는 게 부담스러워졌기 때문이라고 하는 게 더 맞겠다. 사람들은 마스크에 가려진 나의 진짜 모습을 보고도 나를 변함없이 대해줄까. 처음부터 맨얼굴을 보였더라면 눈에 보이는 대로 서로를 받아들였을 텐데 마스크를 쓴 이상 그럴 수가 없다. 가면에 숨겨진 부분을 자신의 입맛에 맞게 최대한 이상적인 형태로 그려보고, 그대로 확신한다. 그러다 현실을 마주했을 때, 상상했던 것과 차이가 크면 실망을 하게 되겠지. 차라리 오징어게임에 나오는 관리자들의 가면을 쓰는 건 어떨까. 그럼 오히려 그 사람에 대해서 제대로 알 수 있지 않을까. 아무런 편견도 없이, 어쩌면 더 깊이 있게.

여드름이 언제부터 이렇게 심해졌는지 곰곰이 생각해 보았다. 임용고시 2차 면접을 한창 준비하던 시기였다. 그때는 스트레스를 받아서 피부가 예민해졌나 보다 싶었다. 이전에도 때때로 피부가 안 좋아지긴 했으나 일주일 내로 가라앉곤 했기 때문에 이번에도 면접만 잘 넘기면 자연스럽게 나을 거라 생각했다. 그러나 면접을 치르고 난 뒤에도, 합격 발표를 받은 후에도 피부는 예전 상태로 돌아오지 않았다. 어어, 하는 와중에 개학을 했고 여드름은 더 악화되었다. 그렇게 질질 끈 시간이 자그마치 5개월이었다.

    고심 끝에 병원 진료를 보러 가기로 결정했다. 그간 피부과를 생각해 보지 않은 건 아니었지만, 그럴 때마다 피부과 약 때문에 부작용에 시달리던 엄마가 생각났다. 여느 때와 같이 짬뽕을 먹었을 뿐인데, 다음 날부터 돌연 몸 이곳저곳에 두드러기가 나기 시작했다. 병원에서 처방받은 두드러기 약을 먹고 온몸이 풍선처럼 부풀어 오르던 엄마. 미소를 잃은 엄마의 얼굴과 매일 밤마다 뱉어내던 낮은 신음을 떠올리면 고개가 절로 흔들어졌다. 그런데 내겐 더 이상 방법이 없었다. 여드름성 피부에 좋다는 스킨, 로션, 앰풀을 보이는 족족 닥치는 대로 사서 발라 봤지만 소용이 없었다. 피부에 잔뜩 나 있는 여드름들을 아예 무시해 버릴 수도 있었지만 그렇게 할 깜냥은 나에게 존재하지 않았다. 무엇보다 스스로 견디기가 힘들었다. 남들이 말하는 것처럼 '고작' 여드름 때문에 이렇게 떨고 있는 내가 싫었다.

마지막 교시 수업을 마치고 퇴근 시간이 되자마자 바로 동네에 있는 피부과로 향했다. 나을 수 있을 거라는 실낱같은 희망과 진짜 이게 최선인가, 하는 의심을 번갈아 하며 내 순서를 기다렸다. 의사는 내 얼굴을 이리저리 살펴보더니 내게 알레르기성 피부염이라는 병명과 함께 발병된 지 오래되어 완치되는 데 시간이 오래 걸릴 거라는 부연 설명을 덧붙였다. 항생제와 알레르기 치료제를 비롯한 먹는 약 네 알 2주분과 바르는 약 한 통이 든 약봉지는 살면서 받아본 것 중에 가장 두툼했다. 의사는 반쯤 감긴 무미건조한 눈동자로 술술 이어 말했다. 약을 먹으면 피부 전체가 건조해질 테니 보습에 특히 신경을 써야 한다고. 무엇보다 이제부터는 하루도 빠짐없이 약을 계속 먹어야 한다고. 병원을 나오며 약봉지가 포시락거리는 소리를 가슴으로 껴안고 이제 괜찮을 거야, 점차 나아질 거야, 스스로 되뇌었다. 해가 길어져서 아직 새파란, 기분 나쁠 정도로 새파란 하늘이 영 마음에 들지 않았다.

클렌징폼으로 얼굴을 씻다가 뜬금없이 혼자서 머릿속으로 밸런스 게임을 시작했다. 깨끗한 피부, 갸름한 턱선 둘 중 하나만 선택한다면? 흠, 피부가 좋아야 전체적인 인상이 깔끔해 보이니까 피부 좋은 게 더 중요하지.

엇, 아니지. 피부는 약 먹고 관리하면 좋아질 수도 있지만 턱 수술은 위험하니까 애초부터 갸름한 턱선으로 태어나는 게 훨씬 더 이득이지. 한참을 그러다가 거품이 눈에 들어간 걸 알아채고 나서야 게임은 끝이 났다. 이 상황이 너무 어이가 없어서 큭, 웃음이 나왔다. 어쩌다 양악 수술까지 고민하게 된 건지. 세면대의 물을 끄고 뽀드득 소리가 나는 얼굴의 물기를 마른 수건으로 조심히 털어냈다.

다음 날 아침, 거울을 보며 여드름이 난 부분에 하얀색 연고를 덕지덕지 묻혔다. 곳곳에 흡수가 되도록 슬슬 펴 바르니 금세 그 부분이 하얗게 되었다. 백탁 현상이 심한 값싼 선크림을 마구 치덕여 놓은 것마냥 보기에 좋지 않았다. 짜증 섞인 한숨이 나왔다. 11시쯤 되니 공복에 피부약을 먹어서 그런지는 몰라도 입안에서 독한 냄새가 스멀스멀 올라왔다. 물을 마셔봐도 쉽게 가시지가 않았다. 평소에는 눈길도 안 주던, 교무실에 있는 알사탕을 하나 물고 입안을 굴렸다. 물통을 냉장고에 넣고 혹시나 해서 거울로 얼굴을 돌렸다. 무슨 허연 것이 얼굴에 나 있었다. 미간이 찌푸려졌다. 가까이 다가가서 보니 아침에 바른 연고가 지우개 똥처럼 뭉쳐진 상태로 얼굴에

난잡하게 붙어 있었다. 순간 얼굴에서도 냄새가 나는 것 같은 착각이 들었다. 붙어 있는 찌꺼기들을 대충 툴툴 털어내고 다시 마스크를 썼다. 자리에 앉아 멍하니 컴퓨터 화면을 들여다보며 의미 없이 마우스를 딸깍였다. 배가 고팠지만 점심은 먹지 않기로 했다.

약을 2주째 먹어봤지만 그리 드라마틱한 효과는 없었다. 기분 탓인지는 몰라도 오히려 여드름이 더 올라오는 것 같은 느낌이 들었다. 그래도 이왕 시작한 치료를 멈출 수는 없었다. 약을 먹으면 조금이라도 나을 수 있을 거라 믿었다. 오늘도 어김없이 네 알의 약을 먹고 얼굴에 연고를 발랐다. 거울을 보면서 얼룩덜룩한 곳에 여드름 패치를 조심조심 갖다 대었다. 패치가 불투명한 재질이라 여드름 위에 붙이면 색이 연해 보이는 효과가 있다. 열 군데나 붙였는데도 아직 가려야 할 부분이 많았다. 새 패치를 떼려다 이게 무슨 소용인가 싶어 도로 가방에 넣어버렸다. 이쯤 되면 차라리 화장을 하는 게 낫지 않을까. 때로는 마스크를 한 번도 벗지 않은 게 나를 숨 쉬지 못하게 한 것 아닌가, 하는 생각이 머릿속을 스친다. 지나치게 감추고 있던 게 문제가 아니었을까. 가려야 할 게 아니라 드러내야 하는 것 아닐까. 그러려면 마스크를 벗어야 했다. 나의 호흡뿐만 아니라 마음까지 옥죄고 있는 하얀 마스크를. 아직은 두렵다. 훤히 드러내는 것도 꼭꼭 감추는 것도 자신이 없다. 지금은, 여린 피부 이곳저곳에 생긴 새빨간 생채기들의 굴곡을 손바닥으로 쓸어보며 나의 어제를 천천히 회상해 볼 뿐이다. 그동안 내가 남들의 눈을 많이 의식하고 있었구나. 변두리부터 먼저 생각하느라 정작 중심인 나 자신은 진정으로 사랑해 주지 못했구나. 내가 모르는 사이에 생채기 저 깊숙한 곳에 스스로를 혐오하는 마음이 가득 차 곪아있었구나. 마음 곳곳에 나 있던 크고 작은 상처들이 얼굴에 드러나고 나서야 하나둘씩 깨달을 수 있었다.

지금은 그저 의사가 나를 치료해 줄 거라고 믿으며, 오늘도 약봉지를 찢어 입안에 털어 넣을 수밖에. 오돌토돌한 두 볼에도, 바싹 메마른 마음에도 하얀 연고를 살살 문지르며 얼른 싹 나아라, 하고 토닥여주는 수밖에.

아침햇살

대학 시절, 두 명의 친구들과 함께 살았던 때가 있었다. 와식(臥式) 생활을 즐겨하던 S와, 노는 게 제일 좋아-를 외치던 C.

S는 밥을 먹을 때마다 콜라를 찾았다. 대부분의 자취생이 그렇듯 밥을 차리기 귀찮은 날이면 배달 음식을 시켜 먹곤 했는데, S 때문에라도 우리 집은 무조건 콜라를 추가해야만 했다. S가 가장 좋아하는 조합은 싸이버거 세트. 닭고기살 햄버거와 콜라, 감자튀김까지 5,800원. 나와 C는 햄버거를 그다지 좋아하지 않는 탓에 햄버거는 항상 S 혼자 먹었다. 셋이면 배달비 2,000원이 그다지 부담스럽지 않지만, 혼자면 상황이 달라진다. 도통 집 밖에 나가지 않는 S도 햄버거를 시킬 때만큼은 전화로 주문을 해놓고 10분을 기다렸다가 직접 햄버거를 받아 왔다. 가끔은 3일 연속으로 시켜 먹기도 했다. 그럼에도 살이 찌

지 않는 S가 참 신기했다. (지금은 많이 쪘다.)

    물 대용으로 콜라를 마시는 지경에 이른 S에는 미치지 못했지만, C도 나름 콜라 애호가인 편이었다. S 때문에 C가 역정을 내는 일은 허다했는데, C가 사 놓은 1.25리터짜리 콜라를 잠깐 집을 비운 사이에 딱 한 모금 마실 양만 남겨 놓고 S가 마셔버리는 일이 종종 있었기 때문이다. 스터디 모임을 끝내고 집에 돌아온 나에게 긴 눈썹을 팔 자 모양으로 만들며 칭얼대던 C. 걔는 맨날 왜 그런대, 하며 C를 달래주고 S에게 한소리 하는 건 언제나 내 담당이었다. 그럴 때마다 공금으로 산 것인 줄 알고 먹었다는 시답잖은 핑계를 대던 S. 그만큼 콜라를 좋아하던, 아니 콜라에 미쳐있던 녀석이었다.

    하루는 새까만 콜라를 시도 때도 없이 마시는 S를 보다 문득 이러다 S의 몸도 검게 물들지는 않을까, 걱정이 되었다. 그때부터 종종 S의 부탁에도 까먹었다고 둘러대며 일부러 콜라를 사 가지 않았다. 한번은 설탕 함유량이 적은 제로 콜라를 건넨 적이 있었다. 워낙 순했던 S는 아무 불평 없이 받아들었으나, 원래 같으면 벌써 반병을 비웠을 타이밍에 내가 무슨 못 마실 거라도 준 것마냥 시무

룩한 표정으로 깨작거리는 모습을 본 뒤로는 S가 좋아하는 콜라를 사 갈 수밖에 없었다. 펩시도, 제로콜라도 안 되고, 무조건 오리지널 코카콜라만을 취급하던 그 친구. S는 콜라가 '그냥' 좋다고 했다. 탄산의 톡 쏘는 맛과 달달한 향이 그에게 매력적으로 다가왔을 테다. 하지만 나는 콜라가 싫다. 내 입안에서 제멋대로 튀는 탄산이 싫다.

나는 아침햇살을 좋아한다. 대학 친구들과 함께 밤에 편의점을 들를 때면 진열대 맨 아래 칸에 있던 아침햇살을 집어 들곤 했다. 형형색색의 탄산음료를 손에 쥔 친구들은 대체 허연 쌀뜨물이 뭐가 맛있냐며 나를 놀려댔다. 그러든 말든 콧방귀를 뀌며 꿀꺽꿀꺽, 아침햇살을 천천히 들이켰던 나. 할아버지 같다는 친구들의 말에 그러는 너희는, 아직도 이빨 썩는 탄산을 좋아하는 너희는 말 안 듣는 철부지 어린아이 같다고 말하고 싶었다.

자취방으로 돌아와 반쯤 남은 아침햇살을 책상 위에 올려놓고 홀로 생각에 잠긴다.
아침햇살.
우리 할아버지.

할아버지에 대한 기억은, 마치 한 편의 영화를 보고 며칠이 지나면 인상 깊었던 몇 가지의 장면만 흐릿하게 떠오르듯 한 장, 두 장, 사진처럼 나의 머릿속에 어렴풋이 남아 있다.

첫 번째 사진.
아침햇살을 건네주던 할아버지.

할아버지는 아침햇살을 좋아하셨나 보다. 손자가 올 때마다 아침햇살을 준비해 두신 걸 보면. 쌉쌀한 와중에 은근하게 퍼지는 달콤한 맛. 어린 내가 그것을 꿀꺽꿀꺽, 넘길 때마다 환해지던 표정의 우리 가족. 흐뭇한 미소를 지으시는 할아버지. 춥고 낡은 방 안에 퍼지는 따뜻한 분위기. 나를 감싸던 노란 빛깔의 햇살.

두 번째 사진.
뒷모습의 할아버지.

어느 회사 옆에 딸린 작은 컨테이너 안에 가만히 앉아 밖에서 바삐 움직이는 사람들을 지켜보는 일을 하셨던 할아버지. 넓은 흙바닥 위에 홀로 덩그러니 남겨져 있어 외로워 보이는, 좁고 천장이 낮은 컨테이너. 할아버지를 보러 엄마 아빠 손을 잡고 그곳에 가면 탁한 회색빛 근무복을 입고 계시던 할아버지는 당신의 일터에 놀러 온 손자가 혹여나 추울까 열선의 무늬가 그대로 엉덩이에 느껴지는 남루한 전기장판을 틀고 보풀이 덕지덕지 붙은 솜이불을 꼼꼼히 덮어주고는 조용히 밖으로 나가셨다. 저편으로 뒷짐을 지고 천천히 걸어 나가는 할아버지의 뒷모습. 차가운 컨테이너 철문을 있는 힘껏, 끼익- 열고 그림자를 따라 달려가는 어린 나.

마지막 사진.
누워계시는 할아버지.

유독 깜깜했던 날. 언젠가 내게 아침햇살을 건넸던 좁은 방바닥에 딱딱하게 누워 가만히 천장만 바라보고 있던, 손자 왔다는 말에 그제야 천천히 고개를 돌려 애써 웃어주시던 할아버지. 어딘가 빛을 잃은 약한 미소. 주름이 깊게 팬, 할아버지의 검은 손을 잡고 할아부지, 아푸지 마세요, 하고 조금 떨면서 말하던 나. 방 안을 집어삼킨 시커먼 그림자밖에 생각나지 않는 그날.

할아버지의 마지막 미소를 본 지 어느덧 열여덟 해. 짙은 어둠이 드리웠던 좁은 방, 그 한가운데에도 환히 빛을 내려 애쓰신 할아버지를 기억한다. 아침햇살을 꿀꺽꿀꺽, 천천히 들이킨다. 다섯 살이 된다. 그때의 좁은 방 안을 비추던 햇살 같은 따뜻한 노란빛이 천천히 나를 감싼다.

저 멀리, 할아버지가 미소 짓는다.
그 어느 때보다 환하게 미소 짓는다.

뷰 맛집

"와!"

엄마는 감탄을 잘한다. 길가에 피어 있는 조그마한 꽃 한 송이를 볼 때도 와! 혼자서 책을 읽다가 좋은 문장을 발견할 때도 와! 내가 내려준 모닝커피 첫 모금을 마실 때도 와! 하고 작게 소리를 낸다. 선생님이 되고 매일 집에 같이 있으니 엄마의 감탄사가 더 자주 들린다. 그동안 가족들이 없는 집안에서 엄마는 얼마나 많은 소리를 홀로 뱉어내었을까.

무더운 여름 일요일 낮, 엄마가 갑자기 나를 불렀다. 평소엔 엄마에게서 잘 들을 수 없는 엄청 크고 다급한 목소리여서, 방에 있다 왜왜, 하며 거실로 부리나케 달려 나갔는데, 무슨 일이 났나 싶어 순간 가슴이 철렁였는데, 웬걸. 엄마는 풍덩한 원피스를 입고 세상에서 가장 편한 자세로 거실 바닥에 누워 있는 게 아닌가. 엄마 옆에서는 선풍기가 돌아갔고, 활짝 열어 놓은 발코니 창문을 타고 시원한 바람이 솔솔 들어왔다. 뭐지?

"원진아, 너도 한번 여기 누워봐."

엄마는 하늘을 보고 있었다. 나도 선 채로 발코니를 바라봤다. 어제와 똑같은, 평범한 하늘이었다. 고작 하늘을 보라고 그리도 급하게 불러낸 거였나 싶어 김이 팍 식었다. 에이, 뭐야. 다소 미적지근한 말투로 예쁘네, 하고 방으로 돌아가려는데 엄마가 계속 딱 한 번만 누워보라고 한다. 그래서 마지못해 엄마 옆에 나란히 자리를 잡고 누웠다.

똑같은 하늘이었다. 서서 보나 앉아서 보나 변하지 않는 똑같은 하늘이었다. 그런데 그런 하늘을 어디에서 어떻게 보느냐에 따라 완전히 달라질 수 있다는 걸 거실 바닥의 찬기를 느끼며 알았다. 누워서 하늘을 보니 구름의 움직임이 모두 느껴졌고, 산도 집도 보이지 않아 마치 하늘에 붕 떠 있는 듯한 느낌이 들었다. 우리 집은 누울 때 가장 빛났다. 그간 단 한 번도 경치가 좋은 집이라고 생각해 본 적이 없었는데. 그땐 왜 몰랐을까. 사소한 것에서 찾을 수 있는 행복의 순간순간을 이제껏 왜 몰랐을까. 롯데타워 전망대의 서울 야경만큼 근사하지도 않고 해운대 바다가 보이는 호텔의 오션뷰만큼 특별하지도 않지만 이 정도면 우리 집도 엄연한 스카이뷰 맛집이었다.

우리 집은 빌라 꼭대기다. 꼭대기라고 해봤자 4층이지만, 그 높이에서만 보고 느낄 수 있는 장면과 분위기가 분명 있다. 저 멀리에서 늘 초록빛을 뿜어내는 야트막한 둔덕과, 그 왼편으로 보이는 경사진 왕복 6차선 도로. 낮에는 역동적인 움직임이 가득하고, 밤에는 은은한 가로등 불빛이 적막한 도로를 비춘다. 집 바로 앞에는 유치원이 있어 아이들의 때 묻지 않은 웃음소리가 한참 동안 가득하다. 가장 눈에 띄는 건, 그 위로 끝없이 펼쳐지는 하늘이다. 그래서인지 '여름' 하면 우리 집 발코니 창문으로 보이는 파란 하늘이 가장 먼저 떠오른다.

노을이 지는 동안 몇 번의 그라데이션이 우리를 훑고 지나갔다. 뉘었던 몸을 일으킨다. 커다란 발코니 창문을 열어젖히니 안개 낀 것마냥 두 눈을 흐릿하게 가리던 것이 비로소 깨끗이 걷힌다. 작디작은 나와 저 넓고 아득한 하늘이 만나는 순간이었다. 붉은 구름 따라 발개진 세상을 번갈아 가며 바라보았다. 선선히 불어오는 여름바람에 머리카락이 찰랑였다. 이쯤에서 항상 꺼내던 카메라를 오늘만큼은 그냥 넣어두기로 했다. 카메라는 이 하늘을 결코 담을 수 없다는 걸 아니까. 대신 두 눈으로 세상 구석구석을 찬찬히 살펴보며 와, 하고 엄마를 따라 작게 소리 내 보았다. 엄마의 감탄이 없었더라면 내가 지금 마주하고 있는 하늘을 평생 몰랐겠지.

 창문을 닫고 거실로 들어오니 팔이랑 다리가 근지러웠다. 모기 한두 방 물린 것쯤, 괜찮았다. 여름은 원래 간지러운 계절이니까.

엄마의 날씨

엄마는 비 오는 날이 좋다고 했다.

추적이는 고요가 주는 안정. 서늘한 기운이 감도는, 물을 잔뜩 먹은 공기. 동그란 빛을 내며 찰박이는 아스팔트 도로. 온갖 것이 빗물에 씻겨 내려간 바깥을 보고 있으니 내가 누구인지 어제보다 선명해지는 기분. 괜시리 타인의 온기에 젖어 잔잔히 잠들고 싶은 마음이 드는 순간. 짙게 깔린 어둠과 떨어지는 빗소리 덕분에 말을 굳이 억지로 꺼내지 않아도 용서되는 날.

빗소리로 가득 찬 이 밤이 소중해지는 걸 보니 나도 엄마 따라 비가 좋아지려나 보다.

클래식 치즈케이크 3호

 어떻게든 마무리만큼은 잘 맺고 싶은 마음이 컸다. 첫날 시험은 망쳐도 마지막 날 시험만큼은 노력한 만큼 점수가 나오길 바랐고, 12월이 되면 침전되어 있는 행복을 억지로라도 끌어올렸다. 시작보다는 끝이 기억에 오래도록 남았기 때문일까. 마지막이라는 것에 유난히 집착하고 의미를 부여했다. 주말 알바였던 나를 해고한 빵집 사장님과의 연마저 어떻게든 이어가려 했던 것만 봐도 그렇다.

 대학 시절, 아르바이트를 닥치는 대로 했다. 용돈을 벌기 위한 목적이 있기도 했지만, 이때 아니면 언제 이런 걸 해보겠어! 하는 심정이 컸다. 1학년 여름방학 때, 반도체 공장에서 내 생애 첫 알바를 시작했다. 따끈따끈하게 구워진 반도체 칩을 척척 옮기는 일은 녹록지 않았다. 안 그래도 더위를 많이 타던 나는 공장 기계가 뿜어내는 열에 못 이겨 (민망하지만) 2주 만에 일을 그만두고 말았다. 점심시간마다 나오던 말라비틀어진 제삿밥을 아직도 잊을 수가 없다. 전역 후 복학 전까지는 집 주변 편의점과 피시방 야간 알바에 도전했다. 혼자라 편했지만, 그 넓은 곳을 닦고 쓸고 지키는 일이 보통 일이 아니었다. 세상에 쉬운 일은 진짜 없구나. 최저시급보다 한참 낮은 돈을 받으며, 다음에는 반드시 노동의 가치를 온전히 보상해 주는 곳에 몸을 담으리라 다짐했다.

다음 해 3월, 뭘 했다고 벌써 3학년씩이나 된 나는 대학 주변에 있는 빵집에서 주말 아르바이트를 하게 됐다. 매니저님은 첫 달은 수습 기간이니 최저시급의 50%밖에 줄 수 없다고 했지만, 근처에 아르바이트 자리가 없었기 때문에 옛 다짐과는 달리 빵집에서 요구하는 대로 따를 수밖에 없었다. 내가 맡은 시간은 토요일 마감 4시간과 일요일 오픈 6시간. 마감은 그럭저럭 괜찮았다. 마무리를 하는 건 누구보다 자신 있었으니까. 그런데 오픈은 부담이 됐다. 내가 잘 해내지 못하면, 그날 하루가 엉망이 될지도 모른다는 걱정이 들었다. 해야 할 일도 엄청 많았다. 기사님이 지하 1층에서 만든 빵을 엘리베이터를 통해 매장으로 올려주면 바로바로 진열대에 예쁘게 놓아야 했다. 손님으로 빵집에 올 때는 몰랐는데, 지금 보니 빵 이름이 하나같이 다 길었다. 단팥빵도 그냥 단팥빵이 아니라, '팥이 빵빵 단팥빵', '호두가 오독오독 씹히는 단팥빵'이었다. 부드러운 후레쉬 크림샌드빵, 한겹 한겹 촉촉한 밀크브레드, 폭신폭신 고구마 크림빵, 진짜 고소한 땅콩 크림빵……. 100여 가지의 빵 이름을 이틀 안에 다 외워 가야 했다. 하는 수 없이 포스기 화면과 빵집 곳곳을 사진으로 찍어 틈이 날 때마다 시험공부하듯 머릿속에 꾸역꾸역 집어넣었다.

아침에는 '봉투 필요하세요?'라는 나의 간단한 질문에 '참내, 그럼 이 많은 걸 두 손으로 가져갈까?'라고 굳이 입 아프게 호통을 치는 할아버지의 노여움을 풀어드리고, 저녁에는 마카롱 서른 개를 싹 쓸어 담아 카운터에 와르르 올려놓고서 지갑을 탈탈 털어 100원짜리 동전을 한 바가지 쏟아내는 술 취한 아저씨를 향해 살기 어린 미소를 퍼부으며 동전의 개수를 셌다. 성미 급한 한국인들에게 신속한 결제는 필수. 무려 일곱 장이 넘어가는 포스기 화면에 어떤 빵이 어디에 있는지 아는 것은 기본 중의 기본, 손님들의 심기를 건드리는 일이 없도록 통신사 할인과 멤버십 적립, 현금영수증 발행까지 불과 십몇 초 안에 모두 클리어할 것. 이 빵집의 암묵적인 원칙이었다. (물론 그 몇 초 안에 손님이 산 빵은 봉투 안에 차곡차곡 담겨 있어야 한다.) 알바생들은 가끔씩 제한 시간을 초과했다는 이유로, 빵을 봉투에 담을 때 부서지기 쉬운 페스츄리를 식빵 밑에 깔았다는 이유로 손님이 나간 이후에 찾아오는 무거운 분위기를 감당하는 일에 익숙해져야 했다. 그 와중에 또 다른 손님이 오면 계산을 하고 빵을 썰고 커피를 내리고 테이블을 닦았다. 그야말로 정신 차릴 틈이 없는 신학기 3월이었다.

스스로 일머리가 없다고 생각해 본 적이 없었다. 전역 후 일했던 편의점에서도 피시방에서도, 2학년 때 일했던 학생식당과 학과사무실에서도 무리 없이 일을 해냈으니까. (여기서 공장 알바는 없었던 일로 치자.) 나 정도면, **빠릿빠릿한 편이지!** 진심으로 그렇게 믿었다. 그게 크나큰 착각이었다는 걸 빵집 덕에 깨닫게 됐다. 케이크 진열대에서 생크림 케이크를 빼다가 엄지손가락으로 케이크 옆구리에 구멍을 냈고, 한 손으로는 오늘 판매할 빵이 잔뜩 올려져 있는 트레이를 평평하게 들고 다른 한 손으로는 빵을 하나하나 집게로 집어 진열대에 놓을 때면 손이 발발 떨리는 바람에 데코 가루가 이리저리 날리고 튀기

일쑤였다. 급기야 빵 포장을 하다 포장지를 찢는 지경에 이르자 보다 못한 사장님이 대신 해주기도 했다. 파슬리 가루가 뿌려진 고로케가 치킨이었는지 카레였는지, 할인 이벤트를 하고 있는 식빵이 '고메버터 식빵'인지 '탕종법으로 만든 쫄깃한 식빵'인지 헷갈리는 일은 허다했다. 샌드위치 포장을 하고 난 뒤에는 '이다음에 뭐 하더라?'를, 카라멜 마키아토를 만들 때면 '이다음에 뭐였더라?'를 반복하며 멍을 때렸다. 매주 하는 일도 제대로 못 하는 나 자신이 한심스러워 유니폼을 벗을 때마다 마음이 착잡해지곤 했다.

다행히 시간이 지날수록 실수는 줄어들었다. 지난주보다는 이번 주가, 전날보다는 오늘이 더 나았다. 예쁜 유니폼을 입는 게 좋았고, 손님들을 맞이하는 일이 생각보다 적성에 맞았다. 사장님은 그날 팔지 못한 빵을 알바생들에게 아낌없이 나누어주셨다. 오늘 하루 있었던 이야기들을 알바생들끼리 공유했고 때로는 서로의 고민을 털어놓으며 아무 생각 없이 웃기도 했다. 빵집에서 보내는 시간은 긴장의 연속에서 어느새 일상 속 소소한 기쁨으로 바뀌어 자리 잡고 있었다.

그렇게 5월이 왔다. 사범대생에게는 중요한 교생실습이 있는 달이었다. 예전부터 교생실습은 꼭 모교로 가고 싶었기에 고향으로 가 있는 한 달 동안은 아르바이트를 쉬어야 했다. 2월에 빵집 면접을 볼 때 매니저님께 상황을 미리 말해둔 상태였으니 아무 문제가 없을 거라 생각했다. 하지만 교생실습이 끝난 날 밤, 나는 사장님으로부터 해고를 통보받았다.

내 삶에서는 항상 내가 주도권을 잡고 있었다. 모든 걸 내가 컨트롤했다. 하고 싶으면 하고, 하기 싫으면 하지 않았다. 그 주도권이 다른 이에게 넘어간 순간을 처음으로 맞닥뜨렸다. 또, 그 사실을 받아들여야 했다. 더는 쓸모없는 존재로 판단되어 쓰레기통에 버려진 기분이었다. 이런 법이 어디 있냐고, 처음 맛보는 억울함과 수치심을 사장님에게 마구 뱉어내고 싶었지만, 소심한 성격 탓에 차마 그러지 못했다. 아쉬운 마음을 문자메시지에 눌러 담아 주절주절 보낼 수밖에.

내 문자를 확인한 사장님은 곧바로 전화를 걸어왔다. 그러고는 한참 동안 나에게 미안한 마음을 하나씩 하나씩 꺼내 말했다. 너를 자를 수밖에 없었던 이유. 자신이 고민하고 또 고민했던 시간들. 네가 원한다면 강 건너의 친한 빵집 사장에게 너를 써 달라고 말하겠다고. 다시 학교로 돌아오면 빵집에 한 번 들러 달라고. 나의 긴긴 질문에 굳이 대답을 하지 않고 서걱, 잘라낼 수 있었던 관계였는데도 달밤에 전화까지 주신 사장님을 보니, 어쩌면 나와 비슷한 사람일 수도 있겠다는 생각이 들었다. 마지막을 어떻게든 좋게 웃는 얼굴로 매듭지으려 노력하는 사람. 수습 기간 2개월 차 알바생을 자른 이유가 무엇이 되었든, 그 방법이 옳았든 옳지 않았든 상대의 마음을 달래주려 진심을 말한 건 사실이니까. 그래서 좋은 감정만 남기고 다 털어버리기로 했다.

그해 크리스마스 이브날, 저녁에 친구와 만나 케이크를 사러 갔다. 빵집으로 가는 내내 친구는 나를 호구라고 불렀다. 아무 이유도 없이 불경기를 핑계 삼아 나를 자른 집에 돈을 쓰러 간다는 게 이해가 안 된다고 호구도 이런 호구가 없다고 말했다. 뭐라고 대꾸해야 할지 고민하다 케이크는 그 빵집이 제일 맛있어서 어쩔 수 없다고 웃어넘겼다. 어쩌면 내가 정말 호구일 수도 있겠다는 생각이 잠깐 들었지만, 오늘은 연말의 꽃 크리스마스였다. 한 해를 마무리하는, 그 어느 때보다 중요한 날. 하늘에서 하늘하늘 떨어지는 눈처럼 포근한 생각만 하기로 했다. 어차피 다 끝난 일이니까.

빵집에는 사람들로 북적였다. 날이 날이라 그런지 사장님과 매니저님, 눈에 익은 알바생 몇몇까지 전원 출근해서 일을 하고 있었다. 모두들 정신없이 사람들을 맞이하고 빵을 포장하고 계산을 하는 모습이었다. 인사를 하려니 왠지 모를 긴장감과 민망함이 밀려와 친구 손을 잡고 곧장 케이크 진열대로 향했다. 진열대를 둘러보더니 친구가 한 케이크에서 눈을 떼지 못한다. 무슨 케이크를 보나 싶었는데, '클래식 치즈케이크 3호'였다. 알바를 할 때 먹어본 적이 있던 케이크였다. 입안에서 사르르 녹는 촉촉한 빵은 하나도 느끼하지 않고, 케이크 겉면에 꿀이 발라져 있어 달콤하기까지 한 케이크. 저걸로 살까? 친구에게 물어보니 격하게 고개를 끄덕인다. 아무 생각 없이 케이크 진열대 문을 열려다 아차- 싶어 마침 이쪽을 쳐다보고 있던 매니저님을 향해 조심스레 손을 들었다.

"원진아!"

매니저님은 놀란 눈으로 나를 반갑게 맞아 주었다.

그에 나는 쑥스러운 눈웃음을 지어 보였다. 케이크를 번쩍 꺼내 들고 계산대의 사장님에게 언니, 원진이 왔어! 하고 소리쳤다. 사장님은 나를 발견하고는 활짝 웃어 보였다. 왜 이제 왔냐, 그동안 잘 지냈냐, 긴 질문과 짧은 대답을 주고받다 사장님은 빵 진열대로 가서는 이 빵 저 빵을 빠르게 집어내더니 나의 품에 한가득 안겨주었다. 이건 원진이가 알바할 때 못 먹어 본 빵이야. 어쩔 줄 몰라 하며 감사하다는 인사를 전하고 있을 때, 사장님이 낮은 소리로 나를 불렀다. 저기, 원진아. 무언가를 더 말하고 싶은 눈치였다. 눈동자에는 말해야겠다는 의지가 가득한데, 입이 차마 떨어지지 않는 모양이었다. 사장님은 생각에 잠긴 표정으로 입술을 달싹이다, 이내 한숨을 쉬듯 웃으며 말했다. 언제든 또 와. 알겠지? 한때 함께 일했던 모든 사람들이 잘 가라는 인사와 함께 손을 흔들어주었다.

볼에 스치는 찬 바람은 나를 기분 좋게 간지럽혔다. 친구는 빵이 한가득 담긴 봉지를 열어 보며 이게 다 얼마야, 하고 좋아라 했다. 사장님이 끝내 내게 전해주지 못한 마음도 같이 딸려 왔는지 클래식 치즈케이크 3호가 들어있는 박스는 그 어느 때보다 무거웠다. 아까보다 눈이 더 내리기 시작했다. 친구와 함께 펑펑 쏟아지는 눈을 맞으며 집으로 뛰어갔다. 친구의 웃음소리가 그날따라 참 행복하게 들려 나도 친구를 따라 활짝 웃었다. 이 정도면, 꽤 나쁘지 않은 마무리였다.

소란스러운 도서관

도서관이 꼭 조용해야 할까?

 '도서관' 하면 빼곡히 들어찬 서가 사이를 사람들이 조심조심 걸으며 책을 고르고 읽는, 그야말로 책장 넘기는 소리만 들리는 조용한 공간이 떠오른다. 누군가는 도서관의 원칙이 '절대 정숙'이라고 말하는데, 내 생각은 조금 다르다. 조용히 해야 하는 곳은 도서관이 아니라 독서실이다. 많은 사람들이 이 둘을 같은 공간으로 생각하고 있다. 독서실은 '책을 읽는' 공간이므로 조용히 해야 하는 게 맞다. 그러나 도서관은 '책이 있는' 공간일 뿐이다. 책을 이용한 다양한 활동과 프로그램이 이루어지기도 하고 책을 매개로 사람과 사람이 만나고 이야기를 나눌 수 있어야 하는 곳이 바로 도서관이다. 그러니 '절대 정숙'의 원칙은 아이들이 이용하는 학교도서관에서는 더더욱 깨져야 한다. 아이들은 기본적으로 에너지가 왕성하다. 그러니 쉴 새 없이 뛰어다니고 말을 많이 해도 지치지 않는다. 그 에너지를 가만히 책상에 앉아 공부나 독서를 하는 데 오롯이 쏟는 아이들도 있지만, 그건 유니콘 같은 존재일 뿐이다. 뿜어져 나오는 에너지를 마구 분출해 내야 하는 아이들이, 안 그래도 가만히 앉아서 책 읽는 걸 싫어하는 요즘 아이들이 과연 숨 막힐 듯 조용한 도서관에 오고 싶어 할까? 아닐 거다. 조용하기만 하고 아이들은 없는 텅 빈 학교도서관이 무슨 의미가 있을까.

아이들에게 책을 읽히려면 일단 도서관부터 오게 해야 했다. '원래'라는 단어로 시작하는 고리타분한 원칙들을 과감히 떼어냈다. 도서관을 '만남의 장소'로 만드는 것. 그게 나의 목표였다. 달마다 다양한 상품을 걸고 도서관 행사를 열었고, 독서 관련 프로그램을 수시로 진행했다. 책상 배치를 바꾸고, 예쁜 식탁보를 깔고, 서가에 따뜻한 조명을 달았다. 어떤 책을 읽어야 할지 고민하는 아이에게 정성스럽게 책을 추천해 주었고, 도서관을 찾아온 아이들 한 명 한 명에게 어서 오라며 방긋 웃어주었다. 그랬더니 성적이 높은 아이도 낮은 아이도, 활달한 아이도 차분한 아이도, 책을 좋아하는 아이도 싫어하는 아이도 모두 도서관에 모이는 게 자연스러운 일이 되었다.

　이제 우리 학교 도서관은 점심시간이 되면 북적북적 발 디딜 틈 없이 아이들로 가득 찬다. 아이들이 한 명 두 명 모일 때마다 도서관에 생동감이 넘쳐흐르는 걸 느낀다. 서가 앞에서, 6인용 책상에서, 카운터 옆에서 한 무리씩 자리를 잡고 저마다의 이야기를 나눈다. 그게 책 이야기든, 고민 이야기든, 오늘 수업 시간에 있었던 이야기든 상관하지 않는다. 아이들이 도서관에서 뭘 하고 있는지, 무슨 말을 하고 있는지보다 도서관이라는 곳이 쉽사리 문을 열고 들어가기 어려운 곳이 아니라 언제나 올 수 있는 편안한 곳이라는 걸 아이들이 스스로 깨닫는 게 중요하니까. 만약 아이들에게 조용히 하라고 핀잔을 주거나 책을 읽으라고 강요했다면, 친구 따라 도서관에 놀러 왔다가 서가에 전시되어 있는 책에 관심이 생겨 빌려 가는 아이도, 우리 학교 도서관은 지루하고 고리타분한 도서관이 아니어서 좋다고 말해주는 아이도 만날 수 없었을 거다. 오늘도 도서관에서 재잘거리는 아이들을 바라보며 생각한다.

　역시, 도서관은 소란스러워야 제맛이지.

희귀종, 레어템, 천연기념물

 매년 3월이 되면 전 학급에 한 번씩 들어가 도서관 이용 교육을 진행한다. 학교도서관이 어떤 의미를 가진 공간인지, 어떻게 잘 이용할 수 있는 건지, 재미있는 책을 고르는 방법에는 어떤 것들이 있는지 도서관의 숨겨진 매력을 한껏 알려준다. 하지만 그중에서도 내가 가장 중요하게 생각하는, 절대 빼먹지 않는 것이 하나 있다. 바로 사서교사, 즉 나에 대한 소개를 하는 것이다. 아이들은 사서교사의 존재를 모른다. 살면서 본 적이 없기 때문이다. 사서라고, 직원이라고, 대학생이라고, 자원봉사자라고 생각했던 사람이 알고 보니 선생님이라는 사실에 아이들은 자세를 고쳐 앉고 눈빛을 달리한다. 그런 광경을 목격할 때마다 마음에 씁쓸한 감정이 일렁인다. 교사 정원진에겐 잘 보이고 싶고 사서 정원진에겐 막 대해도 될 것 같은, 아이들의 어린 생각을 읽어낸다. 그 모습이 딱 우리 사회의 모습과 다를 게 없어 일순 어깨가 처진다.

내가 어렸을 때도 그랬다. 담임선생님이 주요 과목 선생님이길 바라는 마음, 주요 과목 시험은 학원까지 다녀가며 온 힘을 다해 준비하고 비주요 과목은 '어쩔 수 없이' 버리는 태도, 자기를 가르치는 선생님이 기간제 교사라는 사실을 알고는 실망한 기색을 떳떳하게 감추지 않는 표정, 담당 과목의 중요도에 따라 담당 교사의 인격과 가치까지 판단하는 눈을 가진 사람들을 보며 크고 자랐다. 사회에서도 그들이 정해놓은 암묵적인 기준에 따라 누구는 대우해 주고 누구는 무시하는데, 작은 사회라 불리는 학교도 별반 다를 게 없는 건 당연한 일일지도 모른다. 뭐가 문제일까, 종종 생각해 보지만 쉬이 해답을 찾기는 어렵다.

교사로 발령받고 처음으로 만난 아이들에게 들었던 무수한 문장을 기억한다. 그중에서도 선생님도 선생님이냐고 묻는 모순적인 한 마디는 아직 가슴에 박혀 있다. 온종일을 후회와 자책 섞인 한숨으로 보내는 때가 잦았다. 아무 보람도 아무 의미도 없는 삶을 살게 될까 봐 두려웠다. 넘쳐흐르는 나의 마음을 양팔 가득 한 아름 껴안고 있던 나에게, 그 마음을 언제든지 펴줄 준비를 하고 있던 나에게 돌아오는 건 '하는 것 없이 편하게 일하겠다'는 편견 어린 시선이었다. 한 학교에 쉰 명이 넘는 교사 중 비교과 교사는 보건, 영양, 상담, 사서까지 전교에 많아야 네 명, 그중 도서관에서 어떤 일을 해야 하고 무슨 일이 일어나는지 아는 사람은 전교에 나 한 명뿐이니까. '소수자'로 살다 보면 종종 누구에게도 이해받지 못하는 기분이 드는 것은 어쩌면 당연한 일이었다.

서로를 아프게 하는 말은 서로에 대해 무지한 탓에 생겨나는 것일지도 모르겠다. 선생님도 수업을 할 수 있는지, 시험 감독을 할 수 있는지, 담임을 할 수 있는지, 상점과 벌점을 줄 수 있는지, 다른 선생님들과 월급이 똑같은지, 하루 종일 도서관에서 뭘 하는지. 발령 첫해 몇몇 선생님들과 아이들이 나에게 던진 질문들이 나를 아프게 하려고 한 말이 아니라 정말 몰라서 묻는 말이었다는 걸 시간이 지나고 나서 알았다. 내가 그들의 첫 사서교사여서, 지금껏 한 번도 본 적 없는 존재라 궁금해서 그랬다는 걸 지금은 안다.

돌이켜보면 나를 응원해 주고 치켜세워주는 이들이

훨씬 많았다. 선생님이 오시고 나서 아이들이 좋은 영향을 받고 있는 걸 느낀다던 나의 첫 부장님, 언젠가는 내가 학교도서관계에 한 획을 그을 거라던 발령 동기 선생님, 전교에 한 명뿐인 특별한 보배라고 늘 격려해 주던 국어 선생님, 도서관이 교실보다 편하다며 매일 이야기를 나누러 도서관에 오는 아이들. 좋은 말은 금세 휘발되고 아픈 말은 기억에 오래 남는다.

우리는 모두 자신이 해야 할 몫을 다하며 각자 할 수 있는 최선의 방법으로 산다. 나는 나대로 남은 남대로, 보이지 않지만 나름대로 치열하게. 나만 힘들고 나만 이해받지 못하는 것 같은 느낌이 들 때면, 사람들은 주변을 신경 쓸 겨를도 없을 정도로 자신의 하루를 온전히 돌보고 챙기는 것에 급급할 뿐이라는 사실을 잊지 말자. 특히 학교는 하루가 눈 깜짝할 새 지나가는 곳이니까. 그럼에도 내게 먼저 안부를 물어오는 사람들이 있다면 넘치도록 기꺼이 고마워하자.

도서관에 '우리 사회의 소수자' 코너를 새로 마련했다. 학교의 소수자로 살면 이 세상의 소수자에게도 자연스레 눈길이 가게 된다. 누구에게나 열려 있는 평등한 공간인 도서관에서만큼은 그 누구도, 그 어떤 책도 함부로 배제할 수 없다. 도서관을 책임지는 사서교사 또한 모두를 포용하는 마음을 가져야 한다고, 도서관에 꽂혀 있는 무수한 책들이 말한다. 말을 아끼고 조심하자. 타인을 대할 때 조금 더 주의하자. 겉으로 보이는 게 다가 아니란 걸 명심하자. 세상 모든 일에는 내가 모르는 사실이 분명 있을 거란 걸 늘 생각하며 살자. 소수는 다수와 다른 거지 별난 게 아니라고, 흔하지 않아서 오히려 특별한 거라고, 그러니 아무 생각 없이 다수에 편향되지 말자고, 나에게 다짐하듯 이야기한다.

어느덧 도서관 이용 교육을 마칠 시간이 다 되었다.
"자, 선생님이 뭐라고?"
아이들이 웃으며 말한다.
"사서교사!"
답을 듣고는 아직 부족하다는 듯한 의미로 장난스레 코끝을 찡긋하고 있으면, 아이들은 잠시 생각하다 저들끼리 웃으며 큰소리로 다시 대답한다.
"희귀종."
"레어템."
"천연기념물!"

커피가 식어도 좋으니

 선선한 바람이 춥지 않게 내게로 불어온다. 내리쬐는 햇살에 전해지는 누군가의 온기에 취해 눈을 감고 푸른 하늘을 멍하니 바라보게 되는 오후. 해님 따라 나뭇잎 따라 온통 노랗게 물든 세상의 구석구석을 눈으로 좇는다. 따스함을 품은 풍경과 도로 위의 사람들을 한동안 가만히 지켜본다. 길가에 보드랍게 피어난 국화꽃을 보며 사랑하는 사람의 얼굴을 떠올리는 때가 잦아지는 나날. 떨어지는 낙엽과 쌓여가는 추억에 괜시리 바스락, 휴대폰의 사진첩을 꺼내보고 싶은 마음이 일렁인다. 커피가 식어도 좋으니 고요한 카페 창가 자리에 홀로 앉아 노란 불빛 아래 글을 서걱이다 풍경을 바라보기를 하루 종일 반복해도 마냥 좋을 기분. 나 자신에 대해서 스스로 물어보고 싶은 것들이 많아지는 시간. 그 질문에 하나하나 답을 찾아 나가다 보면, 내가 나를 더 사랑해 주어야지, 하고 다짐하게 되는, 아무튼 신기한 계절. 마지막을 향해

가는 길에, 조금 더 버텨낼 수 있도록 힘을 주는 계절. 가을의 계절이 왔다.

    옛 생각이 난다. 어리고 미성숙했던 내가 겪어온 시간들. 지금껏 흘려보낸 계절의 역순대로, 나약해져가는 마음을 어찌할 줄 몰라 아파하던 순간부터 되짚어본다. 올해 봄에서 한 장면, 작년 여름에서 한 장면. 그렇게 하나씩 뽑아 나열하다 보면, 별 볼 일 없는 작디작은 일에 왜 그리 괴로워했을까 안타까워지는 때도 있고 잠깐 생각만 해도 여전히 그날처럼 온몸이 금세 서늘해지는 때도 있다. 대개는 매 순간 불안해했다. 흐트러진 과거와 불확실한 미래 사이에서 나는 언제나 홀로였다. 안 그래도 이런저런 무언가로 꽉꽉 차 있는 내 안에 층층이 쌓아 올린 걱정을 덜어내고 두려움을 비워내면서 살았더라면 어땠을까. 이미 지나간 과거와 아직 일어나지도 않은 미래를 생각하느라 온 신경을 날카로이 곤두세우고 온 감정을 꾹꾹 눌러 막지 않았더라면 어땠을까. 오늘의 나는 어제의 나에게, 내일의 나는 오늘의 나에게 해주고 싶은 말이 벌써 한가득이다. 지난날의 내 모습은 그저 어리게만 보이는, 오만한 생각이 스치는 건 어쩔 수 없는 걸까. 그래도 조금만 더 생각해 보면 지금 나를 괴롭게 하는 주위의 모든 것들이 저 멀리 언젠가는 별일 아닌 것이 될 수도 있다는 뜻이니까, 남은 시간 동안은 어떤 일이 닥쳐도 그냥 그런가 보다, 하고 넘기기로 한다. 유독 가을이 되면 내 안에 끝없이 펼쳐진 낙엽길을 이렇게 찬찬히 걸어 보며 자문해 보게 된다. 나는 언제쯤이면 어른이 될 수 있을까. 몇 살이 되어야 내가 나 스스로를 어른으로 인정해 줄 수 있을까. 아이유는 스물다섯에 나를 이제 조금 알 것 같다고 노래하던데 나는 아직도 나를 전혀 모르겠다.

4월 23일 토요일 오후

　서로가 서로를 더 아껴주는 세상이 왔으면 좋겠다. 아이들도 어른들도 책을 많이 읽었으면 좋겠다. 독서야말로 얼굴 한번 본 적 없는 타인을, 한 번도 만나 보지 못한 세상을, 내가 발 딛고 살아가고 있으면서도 이해할 수 없는 것투성이인 이 세계를 천천히 이해할 수 있는, 가장 조용하면서도 확실한 방법이니까. 책을 통해 세상이 바뀔 수 있다는 말은 조금은 뜬구름 잡는 소리 같기도 하지만, 그럼에도 나는 그 말을 믿으며 매일 학교에 간다. 아이들이 도서관에 편안한 마음으로 부담 없이 놀러 올 수 있도록 분위기를 내가 구태여 주도하지 않고 모든 걸 아이들 손에 쥐여준다. 아이들에게 틈틈이 책을 읽히고, 자유롭게 생각을 말하게 하고, 조금씩이라도 글을 쓰게 한다. 나의 작은 움직임이 더 나은 세상, 더 좋은 세상을 만들어가는 출발점이라는 생각을 하면서. 일련의 사명감을 되뇌면서.

올해 세계 책의 날은 토요일이었다. 이른 시간 카페에 가서 책을 읽었고, 마음에 드는 문장을 노트에 가득 적었다. 그러다 얼마 전 동네 책방에서 봤던 책 두 권이 갑자기 떠올라 바로 책방으로 문의를 했고 아쉽게도 모두 재고가 없다는 안내를 받았다. 역시 책은 읽든 안 읽든 일단 사 놓고 보는 거구나. 진리를 또 한 번 깨우친다. 그 와중에 그리운 이에게서 서점에서 내 책을 만났다는 반가운 연락을 받았고 오후에 들른 소품샵에서 우리 학교 도서관 서가에 붙이면 딱일 것 같은 예쁜 마스킹테이프를 발견했고 내가 갖고 싶었던 문구를 선물로 건네준 분께 하루 내내 감사의 마음을 전했던, 잔잔한 즐거움으로 출렁였던 하루였다. 이틀 뒤면 우리 학교 중간고사가 시작된다. 아이들은 지금쯤 시험공부 때문에 저마다의 방식으로 치열한 시간을 보내고 있겠지. 시험 일정 때문에 올해 세계 책의 날 맞이 도서관 행사는 다음 주로 잡았다. 바로 어제까지 300여 송이의 장미꽃에 스티커를 붙이고 퀴즈지를 오려 만들고 행사 포스터를 학교 곳곳에 붙였다. 아이들이 이다음에 커서 4월 23일 하루만큼은 책을 사서 읽는 여유를 부릴 줄 아는 사람으로 크기를 바라는 마음으로. 그리고 나도 오늘 하루만큼은 그렇게 살려고 노력했다.

도서관 서가

 도서관을 운영하는 입장에서 보면, 서가 정리는 도서관 운영에서 중요한 업무 중 하나다. 서가를 정리하는 이유는 단순히 책을 깔끔하게 보이게 하기 위해서가 아니다. 도서관을 찾아오는 사람들이 원하는 자료와 정보를 제때 바로바로 찾을 수 있도록 하기 위함이다.

 학기 초반에 서가 정리에 힘을 굉장히 많이 쏟았다. 교육활동을 펼치기 전에 기본적인 도서관 정리부터 우선적으로 해놓아야 한다는 것이 나의 생각이었다. 교생실습도 국어과로 나갔고, 책만 좋아했지 도서관 운영은 한 번도 해보지 않은 터라 내가 잘 해낼 수 있을까, 걱정이 앞섰지만, 뭐 어쩌겠는가. 심호흡을 크게 하고 현실을 직시한다.

 도서부 아이들을 교육하고 차근차근 계획을 세워서

바로 실천에 옮겼다. 사서교사가 있던 적이 한 번도 없었던 학교라 그런지 서가 상태가 말이 아니었다. 도서관 문을 며칠 동안 걸어 잠그고, 책들을 모두 빼낸 뒤 처음부터 다시 꽂기 시작했다. 책등에 붙어있는 청구기호 순서대로, 그 어떤 오차도 없이, 칼각으로 나란히. 한 달 하고 일주일이 지난 뒤, 마지막 900번 역사 서가 정리를 끝으로 생각했다. 이제 됐겠지?

다음 날, 도서관에 온 한 학생이 정보 검색용 컴퓨터 화면을 가리키며 나에게 물었다.

"선생님! 컴퓨터에는 이 책이 여기에 있다고 나와 있는데, 서가에는……."

「히가시노 게이고 - 나미야 잡화점의 기적」

화면을 들여다보니 '대출 가능'으로 되어있었다. 아마 서가를 잘못 찾았나 보다, 짐작하고 학생을 데리고 자신 있게 문학 서가로 향했다.

하지만 이게 웬걸. 책은 정말 없었다. 833.6. 일본 현대소설. 분명히 이 자리, 833.6에 있어야 했다. 혹시 몰라 위아래 서가를 다 뒤져봤지만, 마찬가지로 없었다. 이럴 리가 없는데. 이마에 식은땀이 흘렀다. 먼저 그 학생에게 미안했다. 도서관에 왔는데 원하는 책을 읽지 못한다니. 다음으로 나 자신에게 짜증이 났다. 이게 다 내가 서가 정리를 완벽히 하지 못해서 일어난 일이니까.

서가를 한 바퀴 슥- 둘러보니 책들이 삐죽삐죽 튀어나와 있다. 분명 어제까지는 잘 정리되어 있었는데. 다시 열에 맞추어 정리한다. 각을 맞추다 보니 엉뚱한 곳에 꽂혀 있는 책을 발견한다. 한숨을 쉬며 제자리에 꽂는다. 그리고 그 과정을 몇 번 반복하다, 아차- 싶었다.

학창 시절부터 단권화에 목숨을 걸었다. 교과서, 학습지, 문제집에 나와 있는 모든 내용들을 노트 한 권에 완벽하게 정리해야 직성이 풀렸다. 그리고 그걸 토시 하나 빠지지 않고 외웠다. 이 문제는 단권화 노트 24쪽 오른쪽 하단에 있는 내용이군! 할 정도로. 임용고시를 준비하던 작년까지도 그랬다.

누군가에게 편지를 쓸 때면, 한 글자가 마음에 들지 않게 삐뚤삐뚤 적혔거나, 줄이 오른쪽으로 조금이라도 올라가게 되거나, 글씨 크기가 일정하지 않으면 새 편지지를 꺼내 처음부터 다시 쓴다. 그렇게까지 하는 이유는 받는 사람이 기분 좋도록 하기 위함도 있지만 무엇보다 결과물이 내 마음에 들어야 하기 때문이다.

고등학교 시절 신문부 동아리 활동을 하면서 기사를 작성할 때도, 대학 시절 강의 보고서를 작성할 때도, 오탈자는 없는지, 띄어쓰기는 모두 옳게 되었는지는 물론이고, 모든 글자의 글꼴과 크기가 같은지, 장평과 행간, 표 안의 상하좌우 여백이 일정한지까지 확인하고 또 확인한 뒤에 제출했다. 모든 내용을 다 담은 단권화 노트 한 권, 또박또박 가지런히 쓴 편지, 보기 좋게 작성한 어떠한 결과물. 매 순간 '완벽'을 좇아왔다. 그리고 교사가 된 지금, 학생들에게 수많은 주문을 한다.

실수할 수도 있어. 꼭 완벽하지 않아도 괜찮아.
남과 비교하는 습관은 버려야 해.
기준을 자신의 바깥이 아닌 안에 두는 것이 좋아.
시험을 망쳤다고? 속상하겠구나. 다음에 더 잘하면 되니까 오늘 시험은 훌훌 털어버리자.
자기 자신 스스로를 사랑하는 것이 무엇보다도
중요해. 내가 못났다고 생각하는 부분까지도.

말하면서도 괴리감이 드는 것이 사실이다. 나도 아직 못 이뤄낸 것들이니까. 심지어 성인이 된 지금까지도. 조금 우습기도 하다. 선생이라고 하는 사람도 못 하고 있는 그 어려운 일을 이제 고작 열네 살, 많아 봐야 열여섯 살의 학생들에게 별것 아니라는 듯이 가볍게 요구하는 내 모습이. 원칙을 가르치는 게 교사의 할 일 아니겠어, 하며 아직 그 어떤 준비도 완벽히 되지 않은 나를 그저 위로할 뿐이다.

임용을 준비하던 해에는 천 페이지가 넘는 독서교육론 개론서를 손글씨로 일일이 정리하며 이렇게 해야 직성이 풀리는 나 자신을 수도 없이 원망했었다. 절대 완벽하게 할 수 없는 일임에도 불구하고 완벽하게 하지 않으면 불안했다. 불안이 점점 커져 나를 삼킬 때면, 까마득한 저 밑으로 가라앉을 수밖에 없었다. 왜 나는 하필 이런 것을 갈망할까. 왜 이런 모습으로 나고 자라서 이 고생을 할까. 내게 칠해진 색을 바꾸고 싶었다. 나에게서는 찾을 수 없는 색을 띤 사람들을 동경했다.

하지만 이제 서서히 알아간다. 칠해진 것이라 생각했지만 사실은 칠한 것이었다는 걸. 처음부터 색이 칠해져 있던 것이 아니라 내가 좋아하는 색을 칠해 내 마음에 드는 작품들을 이 순간까지 한 점 두 점 완성해 왔다는 걸.

비로소 인정한다. 그것이 바로 나의 색이라는 걸. 괜한 욕심을 부려 노란색에 파란색을 섞게 되면 내가 생각지도 못한 초록색이 되어버린다는 걸. 바꾸고 싶어도 바꿀 수 없는 건 그리 흘러가도록 두는 게 오히려 낫다는 걸.

아차- 하는 순간, 깨달았다. 모든 지식을 다 담았다고 생각했던 고등학교 국문법 단권화 노트가 대학에 가 보니 국어학개론 내용의 반의반에도 미치지 못했던 것처럼, 완벽해 보이는 서가는 있을 수 있어도 단 하나의 오차도 없는 완벽한 서가는 있을 수 없다는 것을.

다른 색을 가지지 못했다고 분노하지도 슬퍼하지도 말기로, 그저 내 안에 존재하는 모든 색을 있는 그대로 사랑하기로, 다만, 조금씩 조금씩 물을 섞어보자고 다짐했다. 다른 색이 자연스럽게, 편안히 물들 수 있게. 노랑과 주홍 그 사이의 어떤 색으로 온통 뒤덮인 해 질 녘의 도서관에서 크기도 높이도 제각각인 책들로 가득 찬 서가를 바라보며 그렇게 다짐했다.

플레이리스트

 대학생에게 금요일은 고향으로 떠나는 공식적인 날이다. 두터운 검은색 목폴라를 입고, '얼죽코'답게 갈색 롱코트를 걸친다. 겨울은 해가 짧아서 아쉽긴 하지만, 예쁜 옷들을 입을 수 있어서 좋다. 오후까지 강의가 있는 탓에 저녁이 다 되어서야 기차에 몸을 싣는다. 덜컹덜컹, 달리는 기차 안에서 창밖 너머를 구경한다. 붉은 노을이 지는 하늘 아래 공주를 가로지르는 금강이 잘게 부서지며 빛을 낸다. 내게 퍼부어지는 따스함을 온몸으로 맞으며 하염없이 풍경을 바라보다, 이 빛이 금세 사라져 버릴까, 서둘러 가방 앞주머니를 뒤져 이어폰을 두 귀에 꽂는다.

 첫 곡은 늘 그랬듯 '시간을 달려서'로 시작한다. 마음이 몽글몽글해지는 느낌. 다음 곡은 현악기 소리가 아름다운 '밤'을 들어볼까. 언제 들어도 전주가 매력적이다.

마지막 곡은 뭐니 뭐니 해도 내가 가장 좋아하는 '교차로' 여야지. 이런 느낌을 낼 수 있는 건 역시 이 친구들밖에 없어! 새삼 또 한 번 감탄하며 반복 재생 버튼을 누른다. 그렇다. 나의 플레이리스트에는 단 하나의 가수, 걸 그룹 여자 친구의 노래로 가득 차 있다. 그녀들만의 벅차오르는 감성이, 창밖이 어두워진 다음에도 객실 안을 은은한 온기로 차분히 데운다.

여자친구는 내가 스무 살이 되던 2015년 1월에 데뷔했다. 소녀시대, 원더걸스, 카라. 내가 봐온 걸 그룹들은 나보다 항상 나이가 많았는데 여자친구는 내 또래였다. 신인 아이돌의 데뷔를 알리는 인터넷 기사를 보며, 나도 나이를 좀 먹었나보다, 하고 스무 살이라 가능한 건방을 떨었다. 대학이라는 새로운 시작을 앞두고 있었던 와중에 등장한 여자친구는 함께 성장해 가는 진짜 친구 같은 느낌이 들어 반가웠다.

"투명한 유리구슬처럼 보이지만
그렇게 쉽게 깨지진 않을 거야"

- 데뷔곡 「유리구슬」 中 -

여자친구에 본격적으로 관심을 가지게 된 계기는 안무 연습 영상이었다. 입학한 지 얼마 되지 않은 대학 동기들끼리 과방에서 삼삼오오 모여 있으면 흥을 띄우려 안무 영상을 틀어놓고 춤을 따라 추곤 했다. 그러다 알게 된 것이 바로 '유리구슬'이었다. 여섯 명의 모든 멤버가 팔의 각도는 물론 디테일한 손동작까지 정확하게 일치하는 것을 보고, 얼마나 연습을 많이 했으면! 하고 감탄했다. 4분이 채 안 되는 시간이 순식간에 지나가는, 여자친구의 칼군무 무대는 완벽을 추구하는 나에게 더할 나위 없는 쾌감을 선사했다.

"가까워지려고 하면 할수록
멀어져 가는 우리 둘의 마음처럼
만나지 못해 맴돌고 있어
우린 마치 평행선처럼"

- 첫 1위곡 「시간을 달려서」 中 -

밝고 경쾌한 노래에 구석구석 어디선가 아련한 감성이 느껴지는 것. 여자친구 노래의 가장 큰 특징이다. 멤버들의 목소리는 서로 다른 개성을 가지고 있지만, 그들이 함께 노래하면 신비롭게도 여자친구 특유의 분위기가 묻어나온다.

"풀내음을 머금은 나의 감정이

쏟아내듯이 젖어오네요

밤하늘의 달마저 가리워지는

교차점에서 기다려요

기적은 이루어질까요"

- 서정적인 가사가 도드라지는 「여름비」 中 -

무슨 말을 하는지 알아듣기 힘들 정도로 영어와 한국어를 어지러이 섞어 마구 내뱉는 여느 걸 그룹들과는 달리, 여자친구는 한국어로만 이루어진 곡들을 주로 불렀다. (그 시절 우리나라 군에서 대북 방송에 여자친구 노래를 내보낸 것엔 다 이유가 있는 거다.) 가사를 음미하다 보면 마치 한 편의 시를 읽는 듯한 느낌도 든다. 웅장한 현악기와 맑은 피아노 반주는 신나면서도 아련한 분위기를 선사한다. 이런 독보적인 아.티.스.트.인 여자친구더러 진부하다고 사람들이 말할 때마다 허! 콧방귀를 뀌곤 했다. 듣는 귀가 없어도 너무 없는 것 아냐? 이 그룹의 진가를 알지 못한다니! 그저 애석할 뿐이었다.

그녀들의 계약 종료 소식을 기사로 접했을 때가 아직도 생생하다. 지인들로부터 온 위로의 메시지가 휴대폰 바탕화면에 수북이 쌓여 있었다. 2015년부터 일체의 논란 없이 열심히, 좋은 음악을 들려주던 여자친구는 갑작스럽게 팬들을 떠나게 되었다. 그 누구도 예상하지 못한 일이라 충격은 더욱 컸다. 흩어지게 된 이유는? 모른다! 다만, 작년에 여자친구의 소속사를 인수한 기획사와 잡음이 있지 않았나, 하는 추측을 여러 정황들을 증거 삼아 조심스럽게 해볼 뿐이다. 내 최애가 나흘 뒤에 증발한다는 사실에 그래도 담담해지려 노력했는데, 눌러 담고 있던 마음이 한순간 터져 급기야 주말 이틀 내내 여자친구의 데뷔 무대부터 마지막 행사 무대까지 장장 12시간 동안 정주행하는 지경에 이르고야 말았다. 신곡이 나올 때마다 최소 한 달은 매일같이 타이틀곡만 '현재 음악 반복 재생'으로 틀어두곤 했는데, 그럴 때마다 옆에서 그만 좀 들으라고 핀잔을 주던 동생도 이번엔 쉽사리 무어라 말을 꺼내지 못했다.

노래의 힘은 생각보다 강하다. 나의 무의식 속에 자리를 꿰차고 아주 작게 숨을 쉬고 있다가 우연히 멜로디가 들려오면 호흡을 크게 내뱉으며 순간순간의 장면들을 퍼뜩 회상시킨다. '시간을 달려서'를 들으면, 다른 가족들이 모두 자는 가운데 홀로 이불을 뒤집어쓰고 자정에 올라온 뮤직비디오를 와, 와, 감탄하며 봤던, 아무 걱정 없이 살았던 대학교 1학년 겨울방학이 생각나고, '귀를 기울이면'을 들으면, 저녁 시간만 되면 어김없이 생활관 텔레비전 앞으로 달려갔던 군대에서의 무더운 여름이 떠오르고, '마고'를 들으면, 마지막 앨범이 될 줄도 모르고 아, 한 달만 더 늦게 내주지, 하고 아쉬워했던, 임용고시를 얼마 남겨두지 않은 늦가을이 느껴진다. 돌이켜보면 여자친구와 함께한 순간이 참 많다. 과제를 할 때는 조금이라도 즐겁게 할 수 있길 바라는 마음에서 여자친구의 노래를 들으며 발표 PPT를 만들었고, 군대에서는 아침, 점심, 저녁 틈나는 대로 생활관 TV를 틀어 동기들과 함께 노래를 따라 부르며 힘든 시간을 견뎠다. 복학 후 싱숭생숭한 생각이 들던 가을밤에는 이어폰을 귀에 꽂고 홀로 정처 없이 걷기도 했고, 다음 신곡을 기다리는 마음, 그 과정에서 생겨나는 설렘과 즐거움으로 고단했던 임용고시 준비도 끝까지 잘 마칠 수 있었다.

이제는 더 이상 여자친구의 새로운 노래를 기다릴 수도, 들을 수도 없겠지만 나에게 힘이 되어준 여섯 명을 계속해서 응원하려고 한다. 이유는 중요하지 않다. 아직까지 나의 플레이리스트에는 여섯 명의 흔적이 그대로 남아 있으니까, 그걸로 됐다. 주인을 잃은 노래들을 들을 때면 가끔은 묘한 기분이 들기도 하지만, 나의 존재 여부조차 모를 연예인 때문에 청승맞게 슬퍼할 나이는 아니니까 꿀꺽 삼켜내기로 한다. 그녀들만이 보여줄 수 있었던 색깔을 시간이 흘러도 선명히 기억할 거다. 그리고 무엇보다 한번 최애는 영원한 최애니까, 계속 좋아할 거다.

6년 4개월, 나의 20대 절반 이상을 함께한, 나의 유일한 가수. 지금까지 고마웠고, 앞으로도 오래 볼 수 있기를.

"함께 웃고 울었던 소중한 기억 속에

우리 하나라는 걸 기억해"

- 팬송 「기억해」 中 -

들쑥날쑥 구불구불
괄호 모양 책들의 진실

우리 학교 도서관에는 풀리지 않는 미스터리가 있다. 이건 나에게 중요한 문제였다.

서가를 한 바퀴 돌며 아이들의 손길이 닿은 책들을 가지런히 정리하고 있던 날이었다. 400번 자연과학 서가 중 맨 아래 칸에 있는 책들이 일렬이 아닌 곡선 형태로 꽂혀있었다. 사실 이런 일은 종종 있는 일이다. 도서관에 온 몇몇 아이들이 서가에 꽂힌 책들로 S자나 V자를 만드는 모습을 몇 번 목격한 적이 있다. 그럴 때면 공들여 모양을 만들어 둔 아이들에게 다가가 일단 잘 만들었다고 칭찬한 다음 다시 일렬로 꽂아두라고 하고 서로 웃으며 넘어가곤 하는데, 이번은 뭔가 조금 달랐다. 400번 서가는 자료 공간 중에서도 잘 보이지 않는 구석진 곳에 있는데, 교사 자리에서도 눈여겨보지 않으면 놓칠 수 있는 곳이다. 굳이 이런 곳에 왜 이런 작품을 만들었는지 아이러니했다. 또 아이들이 즐겨 만드는 S자나 V자가 아닌 괄호 모양으로 만들어 둔 것도 하나의 미스터리한 포인트였다. 곡 둥그렇게 움푹 들어간 분화구처럼 보였다. 심지어 곡선이 매끈하게 연결되지 않고 들쑥날쑥한 것이 어딘가 엉성했다. 이왕 400번 서가까지 간 김에 모양이라도 참신한 걸로 좀 공들여서 만들든가. 서가 안쪽으로 불룩하게 들어가 있는 책을 다시 일렬로 가지런히 정리하며 비장한 마음으로 괄호 모양을 만들었을 아이가 누굴까 생각했다.

얼마큼의 시간이 흘렀을까. 서가에 청구기호 순서대로 책이 꽂혀있는지 확인하고 잘못 꽂힌 책을 바로잡는 서가 정배열 작업 중이었다. 오늘 집중적으로 볼 서가는 아이들이 가장 많이 찾는 서가이자 그만큼 잘못 꽂혀 있는 책도 제일 많은 서가인 800번 문학 서가. 온 집중을 다 해 서가 위 칸부터 아래 칸까지 차례차례 살피며 배열을 살피기 시작했다. 808 세계문학전집, 811 한국 시, 812 희곡 서가까지는 순서대로 잘 꽂혀 있었고 흐트러진 책들도 많지 않아 쉽게 넘어갔다. 문제는 813 한국 소설. 그중에서도 최고의 인기를 자랑하는 813.6 한국 현대소설 서가에는 극강의 노동력을 투입해야 한다. 영치가 빠진 아이의 이처럼 듬성듬성 비어 있는 부분이 여럿 있는 것이 아이들의 손을 많이 탄 티가 확연히 난다. '813.6 김' 서가도 지금까지 해왔던 것처럼 서가 위 칸부터 천천히 눈으로는 분류 번호를 확인하고 머리로는 청구기호 체계와 순서를 떠올리고 손으로는 책들을 요리조리 바삐 옮겼다. 그러다 유독 많이 어질러져 있는 맨 아래 칸 책을 확인하려 무릎을 접어 쭈그려 앉았을 때였다. 폭신한 베개 위에 머리를 누일 때의 부드러운 감촉이 뒤에서 느껴졌다. 내 엉덩이를 포근하게 둘러싸 주는 편안하면서도 생경한 느낌. 뭐지? 곧바로 일어서서 뒤를 돌아보니 맞은편 서가 맨 아래 칸에 괄호 모양으로 둥글게 퍼진 책들이 생겨 있었다. 예전에 400번 서가에서 봤던 그 분화구 모양 말이다. 다듬어지지 않은 어설픈 형태인 것까지 똑같았다. 그제야 미스터리가 풀렸다. 엉덩이로 만든 작품의 탄생 비화를. 그 들쑥날쑥 구불구불 괄호 모양을 만들었을 아이를 상상하니 한없이 귀엽고 사랑스러워 나도 모르게 웃음이 나왔다.

서가 맨 아래 칸에 생긴 괄호 모양의 책. 그건 누군가 인위적으로 만들어낸 것이 아닌, 도서관과 사람이 만남에 따라 자연스럽게 생겨난 일종의 흔적이었다. 바닷

가의 모래가 바다로부터 불어오는 바람에 날려 해안가에 커다란 괄호 모양의 모래 언덕이 자연스럽게 만들어지는 것처럼. '누군가가 여기에서 쭈그려 앉아 책을 열심히 고르고 보다 감.'이라고 말하는 무언의 메시지가 거기에 있었다. 400번 서가로 다시 발길을 돌렸다. 그중 마지막 칸인 490번 칸. 괄호 모양이 만들어졌던 방향 그대로 쭈그려 앉아보았다. 바로 내 눈앞에 보이는 맞은편 서가는 180번 심리학 서가였다. 490번 서가 맨 아래 칸을 괄호 모양으로 만든 그 아이는 여기서 무슨 책을 찾고 있었을까. 어떤 고민이 있었던 걸까. 왜 심리학 서가를 기웃거렸을까. 그 아이도 엉덩이를 받쳐주는 490번 책들의 편안함을 느꼈을까. 신중히 책을 찾고 골똘히 생각에 빠져 있다 자리에서 일어났을 그 아이. 아이의 흔적을 살피고 자취를 따라가다 다시 800번 서가로 발걸음을 옮긴다. 공간이 협소해 서가 사이의 간격이 좁아질 수밖에 없었던 우리 학교 도서관. 그 점이 못내 아쉽기만 했는데, 그래도 그 덕에 우리 학교도서관에서만 볼 수 있는 흔적이 하나 늘었다고 생각하니 어쩐지 마음 한구석이 푸근해진다. 이제 '813 나'부터 정배열을 다시 시작한다. 앞으로 서가에 다양한 모양의 작품들이 탄생하기를 기대하면서.

체인지 풋 콤비네이션 스핀

그런 날이 있다. 하루 종일 특별히 한 것도 없는 거 같은데 힘이 쭉쭉 빠지는 날. 왠지 모르게 나를 부정하고 싶어지고 조금 있으면 우울이 찾아와 나를 삼킬 것 같은 날. 오늘은 그 어떤 이와도 말을 섞고 싶지 않은 날. 그런 날엔 모니터 앞에 앉아 내 마음을 조용히 끄적이며 스스로를 정돈하기도 하고, 새로 산 아이패드를 꺼내 슥슥 그림을 그려보기도 한다. 그런데 가끔씩은 이마저도 귀찮을 때가 있다. 그럴 땐 따뜻한 물로 대충 샤워를 하고 (사실 이 과정도 자주 생략한다.) 포근한 수면바지로 갈아입는다. 그리고선 그대로 이불 속으로 들어가 유튜브를 켠다. 여기서 브이로그, 영화 리뷰나 예능 영상 같은 걸 본다고 하면 남들과 다를 것 없이 평범했을 텐데, 나는 검색창에 '피겨스케이팅'을 검색한다.

피겨에 관심을 가지기 시작한 건 2010년 밴쿠버 동

계올림픽 때부터였다. 대한민국 국민이라면 누구나 알고 있을 김연아 선수의 연기를 보고는 그 길로 피겨 덕후가 되어버렸다. 처음에는, 어떻게 저렇게 점프를 뛰지? 어떻게 저렇게 몇 바퀴씩 돌지? 감탄만 하다가, 어느 순간부터는, 저 점프는 몇 점이지? 스핀 레벨4는 어떻게 받는 거지? 기술이 궁금해지기 시작했다. 그 뒤로 인터넷 사이트를 샅샅이 뒤져가며 피겨를 독학했다. 한 바퀴는 '싱글', 두 바퀴는 '더블', 세 바퀴는 '트리플' 점프라는 것부터 여섯 가지 점프 유형별로 뛰는 방식과 배점, 스핀과 스텝의 레벨 충족 요소, 쇼트프로그램과 프리프로그램 운영 방식, 심지어는 각 기술별 가산점(GOE) 부여 기준까지……. 아무튼 경기를 보면 최종 점수를 대충 예상할 수 있을 정도까지 터득했다.

점프 회전수가 부족한지, 가산점은 얼마를 줄 건지, 예술 점수는 몇 점을 줄 건지. 피겨에서는 모든 게 주관적이었다. 그래서인지 소위 피겨 강국이라 불리는 미국, 일본 선수들의 점수는 항상 내가 예상한 점수보다 높았고, 그와 반대로 한국 선수들의 점수는 터무니없이 낮게 나왔다. 소치 올림픽에서 김연아가 말도 안 되는 낮은 점수로 금메달을 빼앗겼을 때가 바로 고3을 앞둔 겨울방학이었는데, 3월까지 자그마치 한 달이 넘는 동안 격분해 있었다. 올림픽 금메달은 하늘이 준다는 말은 순 거짓말이었다. 하늘은 무슨. 심판들이 주는 거였다. 그동안 유일하게 좋아했던 스포츠였던 피겨에 진절머리가 났다. 김연아도 은퇴했겠다, 더는 피겨를 볼 일이 없을 줄 알았다. 하지만 웬걸. 지금도 김연아 뒤를 이어 나오는 한국 선수들의 경기 영상을 빠짐없이 챙겨 보고 있다. 보고 싶지 않은데 어느 순간 또 보고 있다. 이런 걸 바로 애증이라고 하는 걸까.

유영을 처음 알게 된 건 2년 전쯤이었을 것이다. 지금까지 여러 차례 바뀌어 온 '차세대 김연아' 중 한 명 정도로 생각하고 말았는데, 최근 여러 메이저 국제대회에서 '김연아 이후 최초' 타이틀을 거머쥐며 높은 성적을 내고 있다. 중요한 건, 이 기특한 선수가 베이징 올림픽 시즌 프리프로그램 곡으로 무려 '레 미제라블 OST'를 선택했다는 것이다. 김연아도 10여 년 전에 쓴 적이 있었던 음악이다. 김연아가 이 곡을 선택했다는 이유 하나만으로 500쪽짜리 책을 사서 읽고 뮤지컬 OST를 외우고 영화까지 2번씩 보곤 했었다. 김연아의 역대 프로그램 중 내가 가장 사랑하는 프로그램, '레 미제라블'. 멜로디만 들어도 김연아의 움직임이 절로 그려지는 이 음악으로 '2021 스케이트 아메리카' 대회에서 동메달을 딴 유영의 연기가 유튜브 알고리즘을 타고 메인 화면에 올라왔다. 주저 없이 클릭했다.

시간이 흘러도 내 마음속 1등은 변함없이 김연아였다. 잘한다고 소문이 난 선수의 연기를 봐도 김연아만 못했다. 계속해서 다른 선수의 프로그램에서 김연아의 느낌을 찾아내려 했다. 어쩌다 한 번씩 김연아의 감성이 묻어나는 동작과 표정을 볼 때면 작은 감동이 일었다. 대개는 잠시 스쳐 지나가는 떨림으로 끝날 뿐이었지만.

지금 내 눈앞에서 움직이고 있는 유영은 그렇지 않다. 김연아의 느낌과는 정반대다. 안무도, 음악 편곡도, 입고 나온 의상도, 기술 구성도 김연아와 하나도 같은 게 없다. 김연아가 생각날 만한 부분은 한 군데도 없는데도 왜 지금 나는 온몸에 소름이 돋을까. 지난 몇 차례의 대회에서 신체 변화와 부상 때문에 성적이 저조했던 걸, 그래서 선수의 얼굴에 한참 동안 어둠이 드리웠던 걸 알고 있었기 때문일까. 본인에게 닥친 좌절과 아픔을 딛고, 일곱 차례의 모든 점프를 완벽하게 뛰고야 마는 유영을 보고 있으니 마음 한구석이 서서히 뜨거워졌다. 유영은 행복한 표정으로 마지막 'Do you hear the people sing?' 음악에 맞춰 빙판 위를 그 어느 때보다 즐겁고 힘차게 누볐다. 끝이 다가왔음을 알리는 웅장한 음악과 함께 마지막 기술 요소인 체인지 풋 콤비네이션 스핀을 시작했다. 몸을 T자로 만드는 카멜 스핀을 시작으로 빙판에 가까이 앉은 자세로 다양한 포즈를 보여주는 싯 스핀에 이어 발을 바꾼 다음 한쪽 다리를 머리보다 높게 들어 올리는 업라이트 스핀까지. 고개를 뒤로 젖히고 손을 위로 높이 뻗으며 연기를 마친 유영은 관중들의 기립박수에 눈물을 펑펑 쏟아냈다. 유영만의 에너지로 가득 채워진 4분 10초는 그렇게 끝이 났다.

내가 힘들 때마다 피겨를 보는 이유는, 차가운 살얼음판 위에서 어떻게든 연기를 끝마치려 고군분투하는 선수들의 모습이 아등바등 살아가는 나의 모습과 너무나도 닮아 있기 때문이다. 어떤 때는 자신 있는 점프에서 엉덩방아를 찧을 때도 있고, 또 어떤 때는 기대했던 것보다 점수가 나오지 않을 때도 있다. 그럼에도 선수들은 엉덩이를 툭툭 털고 일어나 연기를 이어 나가고 다음에 있을 경기를 또 준비한다. 최고 레벨인 레벨4를 받기 위해 스핀을 돌면서 자신이 지금 몇 바퀴째 돌고 있는지 머릿속으로 한 바퀴 두 바퀴 세어 나가고, 점프 착지가 불안해서 후속 연결 점프를 미처 붙이지 못했다 하더라도 앞서 붙이지 못했던 연결 점프를 다음 점프에서 악착같이 온몸을 휘감아 뛰어내곤 한다. 그렇게 엔딩 포즈를 취할 때까지 참고 또 버텨낸다. 경기를 잘했든 망쳤든 연기가 끝나는 순간은 반드시 온다. 관중들에게 인사를 마치고 스케이트화에 날집을 끼우는 순간은 반드시 온다. 그때까지 미끄러운 빙판 위에서 중심을 잡으며 홀로 고독히 싸울 뿐이다.

경기 영상 몇 편을 더 보고, 이렇게 오늘도 기운을 차린다.

착각

열심히 하면 이룰 수 있다는 말을 좋아했다.

노력과 그에 대한 성과는 항상 비례할 줄 알았다.

사람은 변화할 수 있다고 믿어왔다.

뭐든지 빠른 게 좋다고 생각했다.

그 부분에 대해서는 내가 잘 안다고 자신했다.

내가 해주는 만큼 남도 그리 해줄 거라 기대했다.

그러나,

무엇이든 다 이룰 수는 없었다.

가끔은 노력이 나를 배신할 때도 있었다.

대부분의 사람들은 변화를 거부했다.

뭐든지 빠르게 하다 보니 번아웃이 왔다.

실은 내가 모르고 있는 게 훨씬 많았다.

내 생애 최고의 망상이었다.

근데 알고 보니

다들 그냥 그렇게

속고 사는 거였다.

단지 그것이

그때의 내가 할 수 있는

최선이었다.

인터뷰

　점심시간 시작을 알리는 종이 울리면 아이들이 도서관으로 쏟아져 들어온다. 한 시간이 조금 넘는 이 시간은, 계속해서 바뀌는 아이들을 상대하기에 종종 벅차게 느껴질 때가 있다. 교실 안과 교실 밖, 아이들의 텐션은 극과 극이다. 내가 느끼는 피로도도 당연히 차이가 날 수밖에 없다. 그래서 그 누구보다 일찍 밥을 먹고 든든한 뱃심으로 아이들을 맞이할 준비를 해야 한다. 그렇지 않으면 도중에 내가 지쳐 쓰러진다.

　급식실에서 밥을 입에 허겁지겁 밀어 넣고 교무실로 돌아와 물 한 모금을 마시면 딱 점심시간 시작종이 친다. 밥을 먹는 데 10분도 걸리지 않음에도 항상 시간은 촉박하다. 여느 때와 같이 그날도 밥을 일찍 먹고, 2, 3학년 아이들과 쉴 새 없이 떠들다 곧 있으면 올 1학년 아이들을 맞이할 채비를 하고 있었다. 그때 누군가 헐레벌떡 도서관 문을 열고 들어왔다. 매일 도서관에 출석 도장을 찍는 1학년 도현이었다.

"선생님, 혹시 인터뷰를 해주실 수 있나요?"

인터뷰? 설명을 들어보니 주변인 인터뷰를 해오는 게 국어시간 수행평가인 모양이었다. 다른 아이들은 자신의 부모님이나 반 친구들을 인터뷰 대상으로 삼았는데, 도현이는 나를 선택한 거였다. 고등학교 1학년 때, 신문 동아리였던 나는 학교신문에 실을 기사를 위해 담임선생님을 단독 인터뷰한 적이 있었다. 인터뷰 제의를 드렸을 때, 뛸 듯이 기뻐하시던 선생님의 미소가 지금도 기억난다. 그 미소를 내가 똑같이 짓게 될 줄은 몰랐다. 당연히 된다고, 얼마든지 하라고 도현이에게 빵긋빵긋 웃으며 말했다. (도현이는 내가 그 순간에 얼마나 입이 벌어져 있었는지 알려나.) 잠시 후 반에서 면담지를 들고 온 도현이는 내 손을 잡고 도서관에서 가장 한적한 곳으로 이끌고는 인터뷰를 시작했다.

"그럼 지금부터 정원진 선생님과의 면담을 시작하겠습니다."

도현이는 목소리를 한두 번 가다듬더니 면담 절차에 따라 말을 이어 나갔다. 국어 시간에 배운 대로 해보려는 모습이 기특했다. 먼저 인터뷰의 목적을 내게 알려주었다. 실실 웃고 있던 내 표정이 이내 진지해졌다. 바로 '사서선생님이라는 직업에 대한 정보를 얻는 것'이 면담의 주제였기 때문이었다.

갑자기 생각이 많아졌다. 다른 전공을 공부하다 이쪽으로 진로를 튼 내가, 지금 내 앞에서 눈을 초롱초롱하게 빛내고 있는 이 아이에게 나의 직업에 대해 어떻게 대답해 주는 게 좋을까. 가감 없이 사실대로? 아니면 정석적인 답변으로? 도현이에게 잠시 생각할 시간을 달라고 한 뒤에 내 중학교 1학년 시절을 떠올려 보았다. 그래도 어린 시절에는 현실보다는 이상을 꿈꾸고 믿고 좋아했던 것 같다. 도현이도 그렇지 않을까. 마음을 고쳐먹고 거침없이 답했다. 최대한 별것 아닌 것처럼 보이게.

Q1. 사서선생님이 되신 계기가 무엇인가요?
A1. 세 가지 이유야. 책이 좋아서, 아이들이 좋아서, 가르치는 게 좋아서!

Q2. 사서선생님이 되려면 어떻게 해야 하나요?

A2. 사범대학 문헌정보교육과에 진학하거나, 일반 문헌정보학과에 진학해서 교직 이수를 하거나, 교육대학원을 졸업한 후에 사서교사 임용고시를 쳐서 합격하면 끝! 생각보다 어렵지 않지?

Q3. 사서선생님이 하시는 일은 무엇인가요?

A3. 도서 구입, 점검, 폐기, 관리. 도서관 운영, 시설 관리. 학급문고 구축. 도서부, 독서문화부, 독서동아리, 독서토론동아리 지도. 창의적 체험활동 수업. 책방 탐방 프로그램, 책쓰기 프로그램 운영. 글쓰기 교육. 월별 도서관 행사, 인문학 아카데미 개최. 북 큐레이션, 독서 상담. 또……. 독서교육 및 도서관 관련 공문 처리, 행정 업무, 아, 그리고 선생님은 교과서 업무도 맡고 있으니까 교과서 주문, 배부, 관리,

(도현 : 선생님, 언제 끝나요?) …….

Q4. 사서선생님의 힘든 점은 무엇인가요?

A4. 이 모든 걸 혼자 다 해야 한다는 점이 가장 힘들지. 그것 말곤 딱히 힘든 건 없어. ^^

Q5. 사서선생님이 갖춰야 할 자질은 무엇인가요?

A5. 지성, 공감력, 성실한 태도, 그리고 팔근육? 하하하하하하하하하!

그렇게 마지막 질문을 마치고 면담지를 점검하고 있는 도현이의 모습을 보니 문득 궁금해졌다. 이번엔 반대로 내가 질문했다.

"그런데 왜 선생님을 골랐어?"

돌아온 대답은 내 정신을 번쩍 들게 만들었다.

"선생님을 만나고 나서 선생님 같은 사서선생님이 되고 싶어졌거든요."

짧은 찰나의 순간에 가슴 이곳저곳에서 웅웅, 울림이 가득했다. 와, 벌써부터 사서교사를 꿈꾸고 있는 아이가 있다니. 무엇보다도 그 꿈을, 나를 보고 키우게 되었다니. 그래도 그동안 내가 잘 해내고 있었구나. 나의 선택이 결코 헛된 선택은 아니었구나. 그토록 바라던 대로 누군가에게는 내가 가치로운 존재로 다가가고 있었구나. 감격스럽다 못해 눈물이 나올 지경이었다. 원래 도현이는 CEO가 꿈이었다. 학기 초에 내게 말해준 꿈을 분명히 기억하고 있었는데, 나를 보고 사서선생님이 되고 싶어졌다니. 하고 싶은 것 많은 청소년 시절 쉬이 지나가는 한낱 꿈에 불과할 수도 있겠지만, 아무래도 좋았다. 이럴 줄 알았으면 더 좋은 말을 해줄 걸 싶었다. 이윽고 점심시간이 끝나는 종소리가 울렸고, 도현이는 필통을 챙겨들고 도서관 문을 나섰다. 선생님 말씀을 들으니 더 사서선생님이 되고 싶어졌다는, 정말 진심인지 의심스러울 정도로 나를 행복하게 하는 말과 함께.

"선생님이 하고 계신 일이 이렇게나 많은 줄 몰랐어요. 앞으로 제가 많이 도와드릴게요."

도현이가 지나간 자리를 한동안 바라보았다. 오늘 내가 들은 말들을 다시 곱씹어보았다. 그동안 나를 짓누르고 있던 답답한 무언가가 싹 흩어 사라지는 듯했다. 가만 보면, 아이들이 어른들보다 나을 때가 있다. 정말.

내가 사랑한 순간들

 교사가 되고 나서 인스타그램 계정을 하나 더 개설했다. 사람들이 소위 '교사스타그램'이라고 부르는 걸 나도 해보고 싶었다. 'teacher'가 들어가도록 계정 이름을 짓고, 소개 글에 뭘 적을지 30분 동안 쓰고 지우다 결국 웃는 이모티콘 하나만 남겨 놓았다. 마지막 완료 버튼을 누르려다 또다시 망설였다. 대학생 정원진이 아닌 교사 정원진은 꼴 보기 싫은 사람들이 있을 수도 있으니, 갖가지 이유로 아니꼽게 보는 사람들이 있을 수도 있으니, 어쨌든 저쨌든 게시물을 쓸 때마다 내 마음이 편치 않을 것 같으니, 결국 계정을 비공개로 돌렸다. 일 년 동안 차곡차곡 간직한 시간들을 다 모아 보니 자그마치 200일이었다. 그리고 그 시간 동안 나의 곁에는 언제나 아이들이 있었다.

 나에게 서툴고 수줍게 사랑을 보여주곤 했던 아이들

의 진심이 내 눈앞에 보일 때가 많았다. 그 소중한 마음들을 와락, 하고 한가득 끌어안았던 무수한 나날의 장면들이, 그동안 까맣게 잊고 있었던, 곧 있으면 추억이 될 순간들이, 휴대폰 화면을 손가락으로 밀어 올릴 때마다 내게 그대로 쏟아져 내렸다. 내가 웃고 떠들던 나날들이 이렇게나 많았나. 나를 사랑해 주는 사람들이 이렇게나 많았나. 아이들의 마음에 나의 사랑을 아낌없이 듬뿍, 가득히 담아 주자고 마음먹었는데, 오히려 내가 받고 있었다. 아이들과 함께했던 모든 순간을 가슴 저 깊은 곳에서 찾아 하나씩 꺼내어 보니, 내가 나 스스로를 괴롭히고 외롭게 만들어 혼자서 울먹이곤 했던 지난 시간들을 그간 아이들이 내 두 손에 꼬옥 쥐여 준 조그만 사랑으로 이제는 이겨낼 수 있을 것만 같았다.

7교시 종이 쳤다. 조금 있으니 이내 신이 난 아이들의 발소리가 복도에 울려 퍼진다. 해가 짧아진 겨울 하늘은 벌써 연한 노란빛을 띤다. 빛줄기를 따라 도서관 마룻바닥에도 네모난 온기가 살포시 드리운다. 창문 너머로 보이는 제 몸보다 큰 가방을 메고 실내화 가방을 휘저으며 집으로 돌아가는 아이들의 뒷모습이 애틋하다. 어둑해진 도서관을 한 바퀴 둘러본다. 처음 학교에 왔을 때만 해도 외로워 보였는데, 이젠 사람 손때가 탔다고 제법 생기를 찾은 듯하다. 텅텅 비어 있던 서가에는 어느덧 책이 꽤 찼다. 제자리를 찾은 책들은 서로의 어깨에 기대 쉴 준비를 한다. 아이들이 좋아하는 노란색 랜턴을 서가 위에 새로 달아놓길 잘했다. 큐레이션 책장 아래에 깔려 있는 아이보리색 꽃무늬 식탁보가 오늘따라 더 정겹다. 내가 애정하는 공간 곳곳이 서서히 노랗게, 점점 더 짙은 색으로 물들어 간다. 한참 동안 도서관을 바라보고 있으니 자연스레 떠오른다. 올해 비담임이었던 내가 제2의 담임을 자처하며 내 새끼들이라는 생각으로 대했던 도서부 아이들, 그 누구보다 서로의 시간을 깊숙이 공유하며 서로를 물들이고 또 서로에게 물들어갔던 독서토론동아리 아이들, 언제나 해맑은 미소로 다가와 일상의 한 자리를 내게 내어주던 1학년 아이들, 말없이 다가와서 조심스럽게 마음을 전해주곤 했던 2학년 아이들, 때때로 조금은 짓궂은 장난을 치면서 함께 웃고 떠들고 즐거워했던 3학년 아이들. 모든 아이들의 두 눈동자가, 저마다의 목소리가, 크고 작은 손짓 하나 몸짓 하나가 한 명, 한 명 빠짐없이 떠오른다.

저 멀리서 웅성거리는 소리가 들려온다. 이윽고 도

서관 문이 조심스레 열린다. 뒤를 돌아본다. 내가 사랑하는 아이들이다. 1년이라는 시간 동안 나를 웃고 울게 했던 아이들이다. 아이들이 선생님 덕분에 올해를 무사히 잘 보냈다고 말한다. 내년에도 잘 부탁드린다며 배시시 웃는다. 헤어져야 한다는 아쉬움에 흘린 눈물 한 방울을 허둥지둥 닦아낸다. 내가 보고 싶을 것 같다고, 잊지 못할 것 같다고 물기를 머금은 채 속삭인다. 그런 아이들을 따라 함께 미소 짓고, 고마운 마음을 다정히 전하고, 휴지를 떼어 건네주고, 나도 모르게 눈물을 글썽였다. 그렇게 나와 아이들은 한참 동안 서로의 마음을 토닥여주었다. 모든 곳이 노을빛 사랑, 찬란한 온기로 가득 찬 순간이었다.

'무슨'보다 '어떤'

 사서교사는 내 생각보다 훨씬 더 매력 있는 직업이었다. 도서관을 정리하고 책을 보기 좋게 진열하는 일은 무언가를 예쁘게 꾸미는 것을 좋아하는 나에게 딱 맞았고, 내가 좋아하는 책을 마음껏 살 수 있으며, 도서관에 꽂혀 있는 책들을 보는 것만으로도 마음이 가득 찼다. 내가 지도하는 아이들은 비교적 책에 관심이 많아 수업이나 프로그램을 진행할 때 너나 할 것 없이 열심히 잘 따라와 줬다. 아이러니하게도 사서교사는 국어교사와 달리 작품의 해석, 정론에서 자유로웠다. 책을 읽은 아이들과 자유롭게 이야기를 나누고 이런저런 다양한 해석을 들을 수 있는 매일이 즐거웠다. 교과서가 정해놓은 정답을 굳이 말하지 않아도 된다는 게 얼마나 기분 좋은 일인지. 무엇보다 가장 좋았던 점은, '전 학년'의 아이들을 '가까이'에서 만날 수 있다는 점이었다. 수업 시간, 교실에서는 할 수 없는 이야기를 도서관에서만큼은 나도 아이들도 자유롭게 나누었다. 참 즐거웠다. 학교 방방곡곡을 돌아다니며 50여 명의 모든 선생님들과 짧게나마 이야기를 나눌 수 있는 것도, 아이들과 함께 하고 싶은 활동을 내가 하고 싶은 대로 그 누구의 간섭 없이 할 수 있는 것도. 무엇보다 책을 다루는 사서교사가 되었기에 이렇게 책을 쓸 마음도 가질 수 있었다. 사서교사도 장점이 꽤 많구나. 사서교사라서 할 수 있고 사서교사이기에 느낄 수 있는 것들이 분명 있었다. 학창 시절에 내가 그토록 바라왔던 국어교사보다 어쩌면 사서교사가 나에게 더 잘 맞는 것인지도 모를 일이었다.

그럼에도 한동안 사서교사를 선택한 걸 후회했다. 학교는 어차피 주요 과목 위주로 흘러가는데 도서관과 내가 학교에서 어떤 의미가 있는지 의문이 들 때가 잦았다. 한 달에 한 번 여는 도서관 행사를, 밤새 만든 독서 방송을, 고심 끝에 선보이는 북 큐레이션을, 온 힘을 다해 준비한 책쓰기 수업을 과연 아이들이 특별하게 여겨줄까. '가치 있는 사람이 되자'는 나의 오랜 좌우명대로 살고 싶었다. 나의 목표에 맞는 사람으로 성장하길 바랐다. 내가 누군가에게 도움이 되었으면, 하는 마음은 누군가에게 미움받고 싶지 않은 마음, 가능한 많은 이들에게 사랑받고 싶은 마음으로 변질되어 갔다. 사람들에게 기쁨만, 웃음만 주려 애를 썼다. 나의 마음을 힘껏 떼 내어 사람들의 손바닥에 한가득씩 담아주려 노력했다. 그러나 그토록 드나들고 싶어 했던 학교에서 나의 존재 의미가 흐릿해지는 순간을 몇 번이고 겪었다. 내가 누군지도 모르는 사람들 틈에 끼어 내가 이러려고 그 고생을 했나, 자존심이 상할 때도 많았다.

    오랜만에 만난 지인들은 내가 아이들과 함께 찍은 카톡 프로필 사진을 보고는 행복해 보인다고 했다. 그런 말을 들으면 일순 어깨가 멈칫, 눈썹이 파르르 떨렸다. 나는 지금 행복한가? 짧은 질문에 답을 하는 데까지 오래 망설였다. 대체로 행복에 젖어 살았지만, 그렇지 않은 때도 있었다. 그렇다면 나는 불행한가? 흠, 그건 또 아니었다. 내가 쉽사리 답하지 못한 이유는 가끔씩 내게 찾아온 몇 번의 불행한 순간들이 머릿속을 가장 먼저 스쳐 지나갔기 때문이었다. 참 기이하기도 하지. 우울한 날보다 행복한 날들이, 나를 무시하는 사람보다 내가 존중받는 순간들이 훨씬 많았는데도 왜 나는 최악의 장면과 악역의 얼굴을 먼저 떠올린 걸까. 왜 나를 아프게 한 존재들만 골라내어 양팔로 끌어모으고 있었던 걸까.

결국 내가 더 단단해지는 수밖에 없었다. 평온한 건 항상 그들이었고, 흔들리는 건 언제나 나였다. 남들에게 인정받기를, 사랑받기를 바라는 마음을 버려야 했다. 그 외로운 욕심이 나를 더 가난하게 만들었다. 푸석해진 내 마음을 온전히 돌보고 구할 수 있는 건 오직 나 자신뿐이었다. 오늘도 어떻게든 잘 살아 보겠다고 나 스스로 돌파구를 찾아본다. 자정이 넘는 시간까지 철학책을 펼쳐 자아를 분리하라는 쇼펜하우어의 생각을 피상적으로나마 받아들이려 애를 쓰고, 우리는 가진 것의 소중함보다 가지지 못한 것에 더 큰 갈망을 느낀다는 구절을 마음에 깊이 새긴다. 내가 아이들에게 아낌없이 해주었던 위로의 말들을 나에게도 다시 전해 곱씹어보고, 너를 싫어하는 사람들보다 사랑하는 사람들이 훨씬 많다는 친구의 말을 이것저것 따지지 말고 그냥 믿기로 한다. 언제나 나의 문제는 내가 나서야 완벽히 해결되곤 했으니까, 바람이 불어 내가 어지러이 흔들린다 하더라도 다시 허리를 곧게 펼 수 있는 마음을 가져야지. 사람은 행복하기만 할 수 없으니, 내게 불행이 찾아와 목구멍을 막아도 꿀꺽 소화시킬 수 있는 몸을 만들어야지.

사람들이 나의 이름을 모른다 해도 괜찮다. 시간이

지나 나의 얼굴을 잊는다 해도 괜찮다. 다만 나의 온기와 빛깔만큼은 희미하게나마 그들 곁을 가능한 한 오래도록 맴돌았음 좋겠다. 단 한 명에게만이라도. 아이들도 마찬가지다. 중요한 건 내가 '무슨' 선생님인가가 아니라, '어떤' 선생님인가니까. 내가 무슨 과목을 가르치고 무슨 일을 하는지 알아줄 것을 구걸하는 마음보다는, 내가 어떤 생각과 어떤 마음으로 아이들을 대하고 있는지 아이들 스스로가 자연스레 느낄 수 있길 바라는 건강한 마음을 가져야겠다. 그리고 무엇보다 내가 걸어가는 이 길은, 누가 강제로 시켜서 억지로 기게 된 길이 아니라 나의 의지대로 차근차근 만들어온, 또 앞으로 꾸며나갈 꽃길이라는 걸 잊지 말아야겠다. 그저 나는 오늘도 우리 학교의 도서관과 독서교육을 책임지는, 교사와 학생들의 마음을 은은한 활자로 보듬어주는 사서교사로서의 사명감을 가지고 살아간다. 다른 모든 잡념을 떨쳐내고 변함없는 사실만 생각한다. 그렇게 내가 해야 할 일을 묵묵히 해나간다. 나의 자그마한 손짓에도 활짝 웃어줄 사람들이 분명 있다는 걸 이제는 아니까. 그리고 열심히 노력한 나를 칭찬해 주고 예뻐해 주면 된다. 결코 쉬운 일은 아니겠지만, 이 정도는 해낼 수 있을 것이다.

10월의 초록 나무

 집 앞 정거장보다 한 정거장을 더 지나쳐 내렸다. 움직이는 걸 원체 싫어하는 나지만 오늘은 왠지 그냥 걷고 싶었다. 동네 골목길은 어느새 빛깔이 완전히 달라져 있었다. 계절이 바뀐 걸 실감할 수 있는 순간이었다. 골목길 양옆으로는 키 큰 나무들이 줄을 지어 서 있었다. 쌀쌀해진 날씨에 도톰한 카디건을 챙겨 든 나처럼 나무들도 빨갛게 노랗게 옷을 바꿔 입는 중이었다. 그중에 나무 한 그루가 눈에 띄었다. 빳빳하게 반짝이는 옆 나무들과는 달리 잎도 줄기도 축 처져 있었다. 모두들 노랗게 빨갛게 잘만 익어가는데 그 틈에 어색하게 끼어있는 초록 나무 한 그루. 딱 그 나무만 도려내면 좋겠다 싶을 정도로 그들 사이에서 완벽히 조화롭지 못했다. 이제 여름을 보내줘야 한다는 걸 받아들이지 못한 걸까. 색을 제 맘대로 바꾸는 법을 잊은 걸까. 지금 제 상태가 어떤지도 모른 채, 어떻게 해야 하는지도 알지 못한 채 그대로 멈춰

버린 것 같았다.

　그간 나를 한 가지의 단답형으로 정의하려 했다. 주변 사람들에게 나는 이런 사람이야, 명쾌하게 말하고 싶었다. 내가 누구인지 정리하고 싶어 나 자신을 굳이 색깔로까지 비유해 가며 고심 끝에 '노란색'을 나의 색으로 꼽았다. 하지만 노랑이 아닌 색이, 파랑, 보라, 초록이 내 안에서 퍼져나가는 것 같은 때를 종종 마주했다. 내가 누구인지 나에게 묻고 물을 때마다 그동안 알지 못했던 또 다른 내가 불쑥불쑥 튀어나오곤 했다. 한참을 방황했다. 똑같은 빨강은 없다는 어느 책 제목처럼 이 세상에 존재하는 색은 수만 가지가 넘을 텐데, 나를 완벽하게 정의할 수 있는 색이 과연 있기는 할까. 어려웠다. 그때부터 글을 쓰기 시작했고, 그 끝에서 결국 내가 깨달은 것은, 무언가를 단 하나의 단어 또는 문장으로 함부로 정리하는 일은 불가능할 뿐만 아니라 위험하다는 것과, 아직도 나 자신이 어떤 사람인지 잘 모르겠다는 것. 이제는 팔레트에 다른 색을 섞어보기로 했다.

　우선 내가 나 스스로를 옭아매어 온, 딱딱하게 눌어붙은 노란 물감 덩어리에 투명한 물을 여러 번 얹었다.

그다음으로, 내게 가장 필요한 빨강을 팔레트 위에 살짝 올렸다. 강렬하고도, 그렇기에 또 무섭기도 한 색깔. 소심하고 조심성 많은 탓에 또 손이 떨리고야 말았다. 원하는 색이 나오지 않으면 어쩌지? 두려웠다. 지금까지 나를 물들여온 여리디여린 노랑이 저 붉은 힘을 이겨낼 수 있을까. 저 구석에 홀로 고개를 푹 숙이고 있는 노란 물감에 다시 눈을 돌렸다. 밋밋하고 푸석한 물감 하나 때문에 알록달록해야 할 팔레트가 시들어 보였다. 그 어떤 빛깔도 느껴지지 않았다.

고민 없이 빨간 물감을 집어 들었다. 몸통을 꾹- 눌러 아까보다 더 과감히 짜냈다. 작은 붓 대신 두께가 제법 굵은 큰 붓으로 바꿔 잡았다. 물을 먹어 흐물해진 노랑에 빨간 원을 크게 빙- 그렸다. 눈을 질끈 감았다가, 한참 뒤에야 슬며시 떴다. 그런데, 생각보다 괜찮았다. 빨강이 지나간 자리에는 결코 어울릴 수 없을 것 같던 두 색이 독특한 무늬를 만들며 서로를 껴안고 있었다. 시간이 지날수록 점차 서로의 경계를 서서히 함께 허물어갔다. 그 어떤 이질감도 들지 않았다. 그간 내게는 노랑만 존재한다고, 혹은 존재해야만 한다고 스스로를 규정했기 때문이었을까. 빨강은 내 안에 이미 존재해 있었던 색이었으니, 그러니 받아들이기가 쉬웠던 걸까. 빨간 물감을 더 풀어 세게 칠했다. 이윽고 그 어디에서도 볼 수 없었던, 주홍빛 노을이 지는 아름다운 초저녁 하늘이 내 눈앞에 펼쳐졌다.

변화하고 발전하고 싶은 마음을 담아 붓을 들었지만, 그러면서도 나만의 빛깔은 잃지 않아야 한다고, 여전히 머금고 있어야 한다고 생각했다. 그러나 '나의 색'은 하나로 정해진 게 아니었다. 세상의 모든 색깔과 빛깔이 다 내 안에 있었다. 미처 알지 못했던 나의 색들을 하나씩 찾아 나가고, 어쩌면 없는 편이 나았겠다는 생각이 들지도 모를, 내 안에 칠해진 각기 다른 색들을 인정하다 보면, 점점 더 뚜렷한 경계선 없이 자연스럽게 퍼져나가는, 끝내 사랑스러운 그라데이션이 완성될 수 있지 않을까. 분명히 그럴 거라고 믿는다.

깨달음은 언제나 뜻밖의 상황에서 찾아온다. 다음번에 정류장을 내리면 골목길 초록 나무를 찾아봐야겠다. 너는 아직도 푸를까. 이미 붉어져서 내가 찾을 수 없을지도 모르지. 아무렴 상관없다. 네가 준비가 다 되었을 때, 그 어떤 색으로든 너를 바꿀 수 있을 테니까. 나도 그렇게 될 수 있겠지? 남들보다 조금 늦고 더 아파하더라도 스스로를 자연스럽게 물들일 수 있는 날이 오겠지?

네 시 삼십 분

아이들이 떠난 뒤의 도서관엔 사람이 온 적 있었냐는 듯 적막이 깔린다. 비뚤어진 의자를 정갈하게 밀어 넣고 순서가 뒤죽박죽된 만화책들을 빼내어 가지런히 정돈한다. 서가를 돌며 아직 온기가 남아 있는 책들을 제자리에 꽂고 누군가 밀고 갔는지 식탁보에 진 구김을 손으로 착착 펴낸다. 도서관 곳곳에 묻은 소란을 털어내면서 적으면 열넷, 많으면 열여섯인 존재들이 남긴 흔적들을 하나둘씩 매만진다.

해가 구름들과 눈높이를 맞추는 시간. 창문 사이를 비집고 들어온 햇빛이 직사각형의 모양으로 서가를, 책상을, 나무 바닥을 차례대로 데운다. 적당히 따뜻해진 곳곳에서 투명한 공기 방울이 하나둘 떠오른다. 아이들의 장난스런 미소, 서로에게 던진 질문과 대답들, 칠판을 수놓던 파란색 보드마커의 시큼한 냄새, 이따금 저쪽 책상에서 들려오던 팔랑이는 종이소리와 서걱이는 연필소리까지. 모두 형형색색의 공기 방울이 되어 노란빛 햇살 아래 반짝이며 도서관을 고요히 부유한다. 어느덧 내 옆까지 다가온 햇살 위로 크고 작은 동그라미 모양 그림자가 보이는 듯하다.

네 시 삼십 분의 우리 학교 도서관. 내일의 도서관은 오늘보다 조금 더 분주하기를. 아이들이 자연스럽게 방울방울 흘러 들어와 오랜 시간 머물러 주기를. 또다시 이곳을 투명하고 따뜻한 빛깔로 포근히 가득 채워 주기를. 여느 때와 같이, 서로 약속이라도 한 것처럼.

> 추천의 말

최후에서 지켜내는 사람들의 이야기

"선생님도 선생님이에요?" 책 속에서 학생들이 묻는 순수한 질문에 사서교사의 세계가 다 담겨있었다. 다른 교사와 마찬가지로 똑같은 정규 교육, 똑같은 임용 시험을 거쳤음에도 정말로 그 '선생님'이냐는 질문은 사서교사에게 클리셰처럼 따라붙는 장면 아닐까. 이 클리셰를 '정원진'이라는 렌즈로 잘 담아놓은 한 편의 책, 『선생님도 선생님이에요?』가 우리에게 얼른 읽혀야 할 이유다.

세상은 여전히 눈이 부시게 빛나는 사람만이 중요한 것처럼 여기지만, 사실 우리는 다 알고 있다. 눈이 부시게 빛나는 사람뿐만 아니라 빛이 덜하더라도, 자기 자리를 지키며 최선을 다하는 사람들 덕분에 우리가 무탈히 살아갈 수 있다는 걸 말이다. 국어, 영어, 수학이 가장 빛나고 다음으로 부차적인 과목을 나열한 다음에 사서교사는 맨 마지막에 위치시킨다. 이 나열법이 한국의 교육 문화가 중시하는 우선순위일 것이다. 그러나 사서교사가 자신의 자리를 지켜주지 않는다면, 그래서 학생들이 책이라는 물성을 완벽히 잊고 고자극 초단편 콘텐츠만 삼키게 된다면 어떻게 될까. 잠깐의 상상으로도 아찔하다. 어쩌면 사서교사는 학생들의 정서를 최후에서 지켜내는 사람들일지도 모른다.

이 책은 사서교사의 직무 안에서만 머물지 않고, 남존여비의 성지(?) 경상도 가족 문화 이야기, 이상과 현실 중 더 가까운 것을 선택할 수밖에 없는 이야기, 나 스스로가 자랑스러우면서도 싫어지는 이야기, 아이들을 교육하러 갔다가 오히려 어른이 위로받고 오는 이야기 등 다채로운 색깔을 담고 있다. 그래서인지 다 읽고 나면 어쩐지 지난날의 내가 울고 웃었던 시간이 자꾸만 눈앞에 펼쳐져 있고, 사서교사라는 직업이 부러워 다시 대입 준비를 하고 싶다는 헛소리까지 주절주절 뱉게 된다.

책 속에서 "선생님 같은 사서선생님이 되고 싶어졌거든요."라고 말했던 학생 역시 나처럼 정원진 선생님의 묘책에 말려든 게 아닐까. 이제 여러분이 그 묘책에 매료될 차례다.

희석 (독립출판사 발코니 대표)

선생님도 선생님이에요?

ⓒ 2025. 정원진 all rights reserved.

초판1쇄 발행	2025년 8월 14일

지은이	정원진
편집·디자인	김보경

펴낸이	김보경
펴낸곳	레레프레스
출판 등록	2022년 4월 18일 제2022-000005호
전자우편	the.lele.press@gmail.com
인스타그램	@lele.press.kr

ISBN	979-11-986334-3-9 (03810)

- 책 내용의 전부 또는 일부를 이용하려면 반드시 저자와 레레프레스의 서면 동의를 받아야 합니다.
- 이 책은 저작권법에 따라 보호를 받는 저작물이므로 무단 전재와 무단 복제를 금합니다.